Genderleicht

Duden

Christine Olderdissen

GENDER-leicht

Wie Sprache
für alle
elegant gelingt

Dudenverlag
Berlin

»Glaube nicht, es muss so sein, weil es so ist und immer so war. Unmöglichkeiten sind Ausflüchte steriler Gehirne. Schaffe Möglichkeiten!«

Hedwig Dohm (1831 – 1919)
Schriftstellerin und Publizistin

Inhaltsverzeichnis

Vorwort

»Die Frau, der Frau, der Frau, die Frau«. »Der Mann, des Mannes, dem Mann, den Mann«. Es muss in der dritten oder vierten Klasse gewesen sein, als Frau Peters uns das Deklinieren beibrachte. Ich hing an ihren Lippen und wollte alles richtig machen. Frau Peters, eine ältere Dame mit schwungvoll hochgesteckten grauen Haaren, war meine Lieblingslehrerin. Jahrzehnte später beschäftige ich mich wieder mit der deutschen Grammatik: Pronomen, Adjektive, semantische Kongruenz. Alles Begriffe, die zum tieferen Verständnis des Genderns nötig sind.

Was aber ist Gendern? Das Einstreuen von Gendersternchen in jeden beliebigen Text, das Sprechen mit Minipause, auch genannt Glottisschlag, die Neuerfindung merkwürdiger Partizipien wie *Teilnehmende, Radfahrende* und *Kandidierende?* Ja und nein. Gendern ist zunächst einmal das Bewusstmachen, wie männlich dominiert die deutsche Sprache ist, übrigens wie viele andere Sprachen. Und dann zu überlegen, wie können wir Frauen darin sichtbarer machen?

Frauen haben in den vergangenen Jahrzehnten extrem viel für die Gleichstellung getan: Sie sind im Beruf erfolgreich, stehen uns als Expertinnen mit ihrem professoralen Wissen zur Seite, gestalten Politik. Es führt kein Weg daran vorbei, dass wir das sprachlich abbilden. Es ist eine Frage der Gerechtigkeit, der Sorgfalt und Wahrhaftigkeit. Im Journalismus ist diese Notwendigkeit mittlerweile von vielen erkannt worden. Es gehört schlicht zum Handwerkszeug, geschlechtergerecht zu berichten.

Daneben gibt es die Gruppe der genderqueeren Menschen, eine Minderheit gegenüber der Mehrheit von Frauen und Männern. Sie stellen ihre Zuordnung zum binären Geschlechtersystem infrage und definieren sich als trans-, intergeschlechtlich oder nicht-binär. Ihr Anliegen ist es, mithilfe von Genderstern & Co. sprachlich sichtbar zu sein. Das mildere das Textlabor gemacht hat. Mein Dank gilt vor allem aber auch den vielen am Gendern Interessierten, auch denjenigen, die wir bei Impulsvorträgen und Schulungen kennengelernt haben. Ihre wahrlich kniffligen Fragen und unsere anonymisiert im Textlabor veröffentlichten Antworten sind Grundlage für dieses Buch.

Wenn Sie die nächsten Seiten durchblättern, wird Ihnen auffallen, dass weniger Gendersternchen vorkommen, als Sie es bei einem Buch zum Gendern wohl vermuten würden. Sie können dieses Buch getrost als Beispiel für gendergerechtes Schreiben lesen, denn es folgt den Regeln des Rates für deutsche Rechtschreibung. An einigen wenigen Stellen bin ich in Absprache mit dem Dudenverlag nicht regelkonform: Dann wenn ich einen Genderstern für unverzichtbar halte, um ein Zeichen für geschlechtliche Vielfalt zu setzen und um in der Kurzform mal nicht viele Worte darauf zu verwenden.

Als Genderzeichen bevorzuge ich den Stern. Sparsam eingesetzt bin ich damit in guter Gesellschaft mit dem Deutschen Blinden- und Sehbehindertenverband und mit Menschen aus der Queercommunity. Seine vielen Strahlen symbolisieren die geschlechtliche Vielfalt.

Wie Sie es halten wollen, ist Ihre Sache.

Bitte verstehen Sie das Buch als Einladung zum Schmökern. Machen Sie sich schlau, warum es den Wunsch nach einer geschlechtergerechten Sprache gibt, wer dazu in der Tiefe geforscht hat, und wie Sie selbst die eine oder andere Genderklippe beim Schreiben oder Sprechen umschiffen können. Es ist kein wissenschaftliches Werk, sondern springt von Aspekt zu Aspekt. Machen Sie es genauso. Im vorderen Teil finden Sie Ausführungen, die Ihnen einen Einstieg ins Thema bieten, weiter hinten geht es auch mal sehr konkret um Grammatikfragen. Nach der Lektüre haben Sie einen guten Einblick, warum uns alle Gendern so aufregt, und warum Sie berechtigte Hoffnung haben können, dass der Sprachwandel einen guten Verlauf nehmen wird. Im besten Fall fühlen Sie sich animiert, selbst neue Schreibroutinen auszuprobieren.

eins

Tschüss, liebe Männer

Nehmen Sie das bitte nicht persönlich. Aber es ist etwas Ernstes dran. Geschlechtergerechtigkeit in der Sprache bedeutet, die Überzahl maskuliner Wörter in ihre Schranken zu weisen und Frauen so zu mehr Sichtbarkeit zu verhelfen. Und nicht nur ihnen, sondern überhaupt allen, also auch trans-, intergeschlechtlichen und nicht-binären Menschen mit Respekt und Höflichkeit zu begegnen, zunächst einmal mit Worten und gegebenenfalls mit Genderzeichen wie dem Genderstern. Männer bleiben uns erhalten, keine Frage. Aber in vielen Sätzen und Texten wird so der Platz gerechter unter allen Beteiligten aufgeteilt.

Sexus und Genus

Ein Verwirrspiel und wie Sie da wieder rauskommen

Eines haben *Löffel, Gabel, Messer* sowie *Hund, Katze, Pferd* genauso wie *Mann, Frau, Kind* gemeinsam: Sie kooperieren aufs Engste mit einem Artikel, sei es *der, die, das* oder *ein, eine*. Der Grund ist das Genus. Die deutsche Sprache ist eine sogenannte Genussprache. Jedes Nomen, jedes Hauptwort, hat bei uns ein grammatisches Geschlecht.

Wir könnten nun darüber philosophieren, warum *der Löffel* maskulin ist und *die Gabel* feminin. Weit kommen wir damit nicht, denn das Geschlecht bei Gegenständen, die Linguistik spricht von »unbelebten Wörtern«, ist eine reichlich willkürliche Angelegenheit. Menschen, die Deutsch erst noch lernen, treibt dies zur Verzweiflung. Dagegen ist das Geschlecht beim Tier manchmal, beim Menschen aber immer wichtig. Nur Lebewesen haben ein biologisches Geschlecht, den Sexus. Der steckt im gleichen bestimmten oder unbestimmten Artikel. In Sachen Gendern ist der Sexus Dreh- und Angelpunkt.

Ob wir zum Kater *die Katze* sagen oder zum Ochsen *die Kuh* ist beiden Tieren so was von egal. Wir sind ja selbst bei *Biene, Amsel* und der *Ente* in der geschlechtlichen Zuordnung nie präzise, es sei denn, wir geben uns Mühe oder wir kennen uns mit der Spezies aus. Nichtsdestotrotz folgt das Begreifen des Tieres häufig über den ihm zugeordneten Artikel. Studien zu Kinderbüchern haben gezeigt, dass dementsprechend die Namen gebildet wurden: »die Biene Maja«, »Frau Elster« und »der Käfer Manfred«.

Beim Menschen ist das anders. Begegnen uns unbekannte Menschen, erkennen wir innerhalb von Millisekunden ihr Geschlecht, ohne darüber aktiv nachzudenken. Oder wir meinen, es zu erkennen, neudeutsch heißt das: Wir »lesen« die Person. Das Ergebnis bringen wir dann auch zum Ausdruck dank unserer genusbasierten Sprache, bei der der Sexus eine nicht wegzudenkende Rolle spielt. Erkennen wir das Geschlecht nicht, weil die Merkmale uneindeutig sind, kommen wir meist ins Straucheln. Im Idealfall freuen wir uns an der Vielfalt der Geschlechter und daran, dass sich die Menschheit so nach und nach von der Dominanz der Zweigeschlechtlichkeit befreit.

Um dem Verwirrspiel beim Gendern auf die Schliche zu kommen, ist es wichtig, weitere Geschlechtskategorien der Sprache zu kennen. Neben dem grammatischen Geschlecht (Genus) und dem natürlichen oder biologischen Geschlecht (Sexus) gibt es noch das semantische Geschlecht und das soziale Geschlecht. Puh, was so alles in einem einzelnen Wort drinstecken kann. Die Linguistinnen Prof. Gabriele Diewald und Prof. Damaris Nübling sprechen von einer engen Wechselbeziehung. Kein Wunder!

Manche Wörter enthalten eine geschlechtliche Bedeutung, ohne dass dies an einer Endung erkennbar wäre: *Mutter* oder *Tante* sind weiblich, das ist Semantik. Und dann haben sie auch noch den passenden Artikel: *die* oder *eine*. Wörter wie *Mädchen* und *Weib* sind ebenfalls semantisch weiblich, obwohl sie grammatisch ein Neutrum sind. Ihr Artikel: *das* oder *ein*.

Einige wenige Wörter haben zwar ein grammatisches Geschlecht, sind semantisch jedoch geschlechtsneutral. Dies gilt für *der Mensch* - grammatisch maskulin, und für *die Person* - grammatisch feminin.

Ein Sonderfall sind Wörter, die geschlechtsneutral wirken, obwohl sie wie *die Person* feminin sind: *die Koryphäe, die Autorität, die Fachgröße, die Kapazität*. Wenn Männer feminin bezeichnet werden, sind sie meist beleidigt. Bei diesen Wörtern jedoch nie.

Bleibt noch, das soziale Geschlecht eingehender zu betrachten. Hier geht es darum, wie das Wort ins soziale Gefüge eingeordnet wird. Diese Empfindung wird meist von Genderstereotypen geleitet, also von Rollenbildern, die sich in der Gesellschaft verfestigt haben. Positiv ausgedrückt helfen sie uns mit ihren Klischees, Menschen schnell einzuordnen. Negativ ausgedrückt entstehen durch Geschlechterstereotype allzu enge Vorstellungen davon, wie Menschen zu sein haben.

Lassen Sie mal diese Wörter auf sich wirken: *Maurer* und *Erzieher*, *Soldat* und *Kosmetiker*. Es gibt Wörter, die lösen so starke Assoziationen zu Männern aus, dass wir feminine Bezeichnungen dazusetzen müssen, um zu verstehen, wenn Männer und Frauen beteiligt sind. Andere Wörter sind nicht eindeutig, sodass wir auch hier nur mit femininen Bezeichnungen für Klarheit sorgen können. Aufgepasst! *Maurer* und *Soldat* gehören typischerweise zur ersten Gruppe, *Erzieher* und *Kosmetiker* zur zweiten. Ihr eigenes Bild von der Geschlechterverteilung entspricht dem nicht? Dann haben Sie vielleicht andere Erfahrungen als die meisten von uns gemacht. Wie das soziale Geschlecht empfunden wird, hängt vom persönlichen Erleben ab.

Nun zur Sache mit Genus und Sexus in der Debatte um das generische Maskulinum. Zur Verteidigung der vorgeblich geschlechtsunabhängigen Verwendung maskuliner Personenbezeichnungen wird behauptet, mit Sexus, also dem natürlichen Geschlecht, hätte dies nichts zu tun. So schreibt der Linguist Prof. Peter Eisenberg: »Wer das generische Maskulinum verwendet, ist vom Bezug auf ein natürliches Geschlecht befreit, er formuliert allgemeiner.« Frauen seien nicht mitgemeint, auch als Gruppe gar nicht gemeint, ebenso wie Männer gar nicht gemeint seien. Eisenberg verweist unter anderem auf den Nominativ im Plural, der stets denselben Artikel hat: *die* Frauen und *die* Männer. Eisenberg führt viele weitere Argumente zur Stützung seiner Ansicht auf, an dieser Stelle aber geht es zunächst um die Wirkung von Wörtern. Und die hat sich verändert.

Den Sexus aus maskulinen Personenbezeichnungen weiterhin wegdenken zu wollen, ist Wunschdenken. Lange Zeit hat das generische Maskulinum gute Dienste geleistet, weil alle sich darauf eingelassen haben, die Frauen mitzudenken. Oder auch nicht. Was in den Köpfen passiert, wissen wir ja nicht wirklich.

Dann aber ist die Gesellschaft aufgewacht und hat in der Linguistik nachgefragt. Die hatte längst schon Studien erstellt: Jüngere Kinder verstehen Wörter wortwörtlich – die Botschaft des generischen Maskulinums kommt bei ihnen nicht an. Erst mit zunehmendem Spracherwerb und Einblick in gesellschaftliche Verhältnisse - gemeint ist keine große Analyse, sondern das, was jede und jeder von anderen mitkriegt - setzt das Verständnis ein, dass mit *Kunden* oder *Patienten* auch die Frau, die einkauft, oder die sich krank ins Bett legt, gemeint sein soll. Dies ist eine sprachliche Konvention, die erst erlernt sein will.

Im Rahmen des fortschreitenden Sprachwandels erleben wir bereits eine neue Konvention: mehr Höflichkeit! So gehört es heute zum guten Ton, die Kundschaft mit »Liebe Kund*innen« anzusprechen oder im Zusammenhang mit Politik auf die freundliche Ansprache »Bürgerinnen und Bürger« zu achten.

Auch die Medien fühlen sich durch die intensive Debatte bei der Ehre gepackt - hinter maskulinen Begriffen die vielen beruflich erfolgreichen Frauen zu verstecken, passt nicht zur Sorgfaltsklausel des Pressekodex. Nur wenn Frauen benannt werden, dann entsteht bei der Recherche die Frage: Wo stecken sie denn? Wie kommen wir an deren Expertise?

Die Gendergegner*innen dagegen zeigen sich hartleibig und behaupten, die Beidnennung oder gar das Sternchen führten zu einer »Sexualisierung« der Sprache. Meinen sie, was sie sagen? Weil eine Frau in einem Kontext genannt wird, denken sie an Sex? Oder weil genderqueere Menschen über den Genderstern sichtbar werden, geht es um Sex? Nein! Es geht ausschließlich um Identität. Was Menschen zu ihrem sexuellen Vergnügen machen oder mit wem sie Beziehungen eingehen, ist etwas völlig anderes.

Lassen Sie sich vom Fachterminus »Sexualisierung« nicht verwirren. Prof. Lisa Irmen und Dr. Vera Steiger weisen darauf hin, dass es »in experimentellen Untersuchungen des Genus keinesfalls um eine Sexualisierung von Grammatik geht«. Die Kognitionspsychologie überprüfe die psychologische Wirkung genusbasierter Information. Sie haben bereits 2005 geäußert, die sprachwissenschaftliche Theoriebildung müsse berücksichtigen, dass viele beim Hören und Lesen das Genus als Hinweis auf den Sexus verstehen, dass das Maskulinum einen »male bias« habe. Zu Deutsch: Eine Personenbezeichnung im Maskulinum wird männlich verstanden, weil dies unserer Vorstellung entspricht. Es braucht stets eine millisekundenschnelle Übersetzungsleistung: Ach ja, Frauen sind mitgemeint.

Kommen wir zu den Potenzialen dieser wunderbaren Sprache Deutsch. Dank Genus und Sexus kann unsere Neugier auf die Menschen aufs Vollkommenste gestillt werden: Wir können sprachlich darstellen, wer was macht. So, wie wir mit den Augen im Nullkommanichts eine Information zum Geschlecht erhalten, können wir uns diese offensichtlich unverzichtbare Information auch mit der Sprache gegenseitig zukommen lassen.

Vor einem sei dabei gewarnt: Der linguistische Begriff Sexus darf nicht allzu eng biologistisch verstanden werden. Wir sind doch schon weiter im Verständnis, dass es mehr als zwei Geschlechter gibt. Eben aus diesem herkömmlichen Verständnis heraus aber fehlen uns Wörter jenseits von männlich und weiblich. Es gibt eine »Benennungslücke«, sagt Gabriele Diewald. Viele Aspekte der Genderdebatte befassen sich mit der Überwindung dieses Mankos.

Nachdem Sie nun alle diese Unterscheidungen kennengelernt haben, wird es Ihnen auffallen, wie oft in der Debatte Äpfel mit Birnen verglichen werden. Weil Deutsch für die meisten von uns die Muttersprache ist, kennen wir uns natürlich sehr gut damit aus. Wir benutzen die Sprache den lieben langen Tag. Und doch hilft uns erst ein bisschen mehr Fachkenntnis, die Genderproblematik zu verstehen und dem Verwirrspiel Paroli zu bieten.

Unerhört, dieses Gegendere

Es ist nicht auszuhalten

Nervt es Sie sehr, das Gendersternchen zu hören, also diese Minisprechpause? Mögen Sie es nicht, wenn jemand sächselt? Verstehen Sie nur Bahnhof, wenn oane*r bairisch redet? Können Sie es nicht leiden, wenn eine Person das R rrrrrrrrrollt? Finden Sie, Pfälzisch ist ein schnarchiger Dialekt? Wiener Schmäh geht Ihnen auf die Nerven? Wie sieht es aus, wenn jemand einen Akzent hat? Oh là là, sexy bei français? Wenn sich Berliner Schnauze mit türkischem Einschlag mixt? Oder ist Mannheimerisch für Sie igittigitt?

Ganz ehrlich - schlimm ist das doch alles nicht. Wie jemand spricht, ist eine Frage der Individualität. Sie können hören, wo der oder die herkommen. Sogar die Geisteshaltung können Sie bei einigen Sprechweisen heraushören. Wie schön, charakteristische Eigenschaften unserer Mitmenschen auch auf der Lautebene erfahren zu können.

Das Gendern ist nach einer Studie der RWTH Aachen vom September 2020 in der mündlichen Sprache angekommen. 43 Prozent der Befragten bevorzugen neutrale Formulierungen wie »Mitarbeitende«, 38 Prozent die Doppelformen. Ein Drittel wusste nicht, wie Wörter mit Genderstern oder Unterstrich ausgesprochen werden. Die Sprechwissenschaftlerin Dr. Josefine Méndez und ihr Team beobachteten auch Unterschiede in der Akzeptanz des Genderns. Glottisschlag, Doppelnennung und Neutralisierung fanden Frauen »deutlich passender«, bei den Männern schnitt das generische Maskulinum »klar besser ab«. Das könne als Hinweis gesehen werden, dass sich Frauen vom generischen Maskulinum tatsächlich weniger mitgemeint oder angesprochen fühlen.

Im Allgemeinen melden sich Männer öfter zu Wort, um ihre Ablehnung des Genderns deutlich zu machen. Zum Teil vergreifen sie sich dabei in der Wortwahl. Der beliebte Komiker Didi Hallervorden bezeichnet Gendern als »Vergewaltigung der deutschen Sprache«. Das haben vor ihm andere auch schon getan und werden es wieder tun. Dem Theatermann verschafften seine krassen Worte Anfang September 2021 eine beträchtliche Zahl an Schlagzeilen. Zur Erinnerung: Vergewaltigung ist sexualisierte Gewalt. Es ist ein Verbrechen und eignet sich nicht als Metapher, um Gendern zu kritisieren, schreibt *Spiegel*-Online-Kolumnistin Margarete Stokowski. Aber wir können uns alle so schön darüber aufregen.

Unsere Ohren lassen sich nicht zusperren. Wir müssen hinnehmen, wie jemand spricht, sagt Prof. Henning Lobin, Direktor des Leibniz-Instituts für Deutsche Sprache. So geht es uns dann auch mit dem Gendern. Gerade haben wir eine Minisprechlücke gehört und - zack - ist es schon wieder vorbei! Je mehr wir über deren Bedeutung wissen, desto gelassener könnten wir alle diese Art des Genderns einfach passieren lassen.

Wenn uns das bairische Idiom in einer Vorabendserie nervt, machen wir den Fernseher aus. Wenn uns der Dialekt im Lokalradio stört, schalten wir um. Wenn jemand mit Lücke spricht, können wir weggehen. Nur eines ist gewiss: Wir verpassen eine Menge, wenn wir die Menschen nicht so sprechen lassen, wie ihnen der Schnabel gewachsen ist oder wie sie sich mit einer wichtigen Botschaft ausdrücken wollen: Geschlechtergerechtigkeit!

Über Bord geworfen

Warum der Mann nicht das Maß aller Dinge ist

Die deutsche Sprache ist sehr maskulin geprägt - obwohl sie beides hat: maskulin und feminin und damit die Chance, das Geschlecht präzise zu benennen. Bei Menschen, für die diese Zuordnung zur Zweigeschlechtlichkeit nicht passt, fehlen uns dagegen Wörter. *Divers* ist nur ein rechtlicher Begriff, erfunden, um intergeschlechtlichen Menschen einen Eintrag im Personenstandsregister zu ermöglichen. Darüber hinaus steht der Begriff für die vielfältigen Möglichkeiten der geschlechtlichen Identität. Hier findet eine starke Ausdifferenzierung statt, es ist ein Ringen um Begrifflichkeiten. Aus dem Blick gerät dabei, dass es in der großen Gruppe der Frauen eh schon viele unterschiedliche Arten des Frauseins gibt, ohne dass dies zu umkämpften Wörtern wird. Und auch Mann ist nicht gleich Mann.

Das generische Maskulinum hat sich insofern überlebt. Es passt nicht mehr zur derzeitigen Gesellschaftsordnung von 130 Millionen deutschsprachigen Menschen und weiterer 15,4 Millionen, die Deutsch als Zweit- oder Drittsprache lernen oder gelernt haben. Es ist eine sprachliche Konvention, keine festgeschriebene Regel. Lange Zeit wurde im Deutschunterricht vermittelt, dass 99 Chorsängerinnen und 1 Chorsänger zusammen 100 Chorsänger sind. Etliche Studien aus dem Bereich der Psycholinguistik wie auch aus der Forschung zur psychologischen Ebene von Gendervorurteilen haben längst belegt, dass die sprachliche Absicht - Frauen sind mitgemeint - nicht erreicht wird. Lesenswert dazu sind die Arbeiten von Prof. Lisa Irmen, Prof. Sabine Sczesny, Prof. Bettina Hannover und Dr. Dries Vervecken sowie einiger mehr. Seitdem so intensiv übers Gendern diskutiert wird, steigt die Skepsis gegenüber einer rein maskulin gesetzten Personenbezeichnung: *All diese Chorsänger - sind das wirklich nur Männer?* Da unsere Sprache so fein unterscheidet, würden die meisten korrekterweise erzählen: *Das ist ein Frauenchor und da singt auch ein einzelner Mann mit.* Wir stehen vor der Aufgabe, unseren Sprachgebrauch neu zu präzisieren, um den Menschen, über die wir sprechen und schreiben, besser gerecht zu werden.

Die Kritik, dass das Maskulinum generisch benutzt und verstanden wird, entzündet sich an Personenbezeichnungen, die es sowohl in der maskulinen als auch in der femininen Variante gibt, also an *Bäcker* und *Bäckerin*, nicht aber an *Vater* und *Mutter*. Und, um es ganz deutlich zu sagen, auch nicht an *Hund* und *Hündin*. Beim Gendern geht es nur um Menschen. !

Viele Berufsbezeichnungen, zumal die aus vorigen Jahrhunderten, haben sich aus der Substantivierung eines Verbes entwickelt: vom Backen zum *Bäcker* und zur *Bäckerin*. Der Mann, der bäckt, erhielt die Endung *-er*, für die Frau wurde zusätzlich ein *-in* drangehängt. Die feminine Variante gab es in zweierlei Ausführungen: Entweder war die Frau selbst als *Bäckerin* tätig oder sie trug als Frau vom Bäcker die Bezeichnung *Bäckerin*. Wir sind auch heute noch geneigt, aus Verben und Verbgefügen Personenbezeichnungen zu kreieren: Aus *Steuern hinterziehen* wird *Steuerhinterzieher*, aus *die Schulklasse wiederholen* wird *Klassenwiederholer*. Eine Formuliermethode, die insbesondere im Journalismus wilde Blüten treibt.

Die Linguistin Prof. Ursula Doleschal ist 2002 den geschichtlichen Spuren des generischen Maskulinums nachgegangen. Sie konnte nachweisen, dass die generische Funktion erst ab den 1980er-Jahren eingehend beschrieben wird, vorrangig durch den Linguisten Prof. Peter Eisenberg. Zu diesem Zeitpunkt entstand ein gewisser Rechtfertigungsdruck, denn ab den 1980er-Jahren nahmen die Linguistinnen Prof. Senta Trömel-Plötz und Prof. Luise F. Pusch das generische Maskulinum in die Zange. Sie analysierten das »Deutsche als Männersprache« und begründeten die feministische Linguistik. Der danach lange Jahre nur in der Linguistik ausgetragene Streit kam gesamtgesellschaftlich ab Mitte der 2010er-Jahre zum Tragen - mit dem Genderstern.

Seither wird in den Medien heftig zum »Ob« des Genderns debattiert. Das »Wie« passiert ungeachtet dessen parallel dazu. Es scheint so, als hätte der kontroverse Diskurs trotz seiner oft an den Haaren herbeigezogenen Argumente die Genderfrage erst richtig populär gemacht. Zu beobachten ist jedenfalls, dass viele Menschen Rat und Hilfe in Leitfäden zum geschlechtergerechten Schreiben suchen. Die Notwendigkeit der Geschlechtergerechtigkeit hat viele längst überzeugt.

Noch einmal zurück zur Historie und wie es dazu kommt, dass der Mann sprachlich solch einen Vorrang genießt. Ursula Doleschals Untersuchung öffnet uns die Augen, wie deutlich Sprache die gesellschaftlichen Umstände widerspiegelt - und wie die, die in der Linguistik die Sprachnutzung wissenschaftlich beschreiben, von ihren eigenen Vorstellungen der Geschlechterverhältnisse beeinflusst sind.

Die Herren Linguisten, zusammen mit Rechtswissenschaftlern und Politikern, waren seit der Paulskirchenversammlung 1846 nachweislich der Überzeugung, dass Frauen weniger wert seien. Soweit dem Bürger Rechte zugestanden wurden, standen sie auch nur dem Bürger zu, wortwörtlich. Die Bürgerin war nicht mitgemeint, sie existierte als Rechtsperson nicht, wie die Juristin Marianne Grabrucker in ihrem 1993 erschienen Buch »Vater Staat hat keine Muttersprache« ausführt. Es gab sogar Bestimmungen, die Frauen ausdrücklich ausschlossen.

Frauen mussten sich ihre bürgerlichen Rechte mühsam erstreiten, mit der ersten Frauenbewegung im Ausgang des 19. Jahrhunderts. Als sie 1919 erstmals in Deutschland zur Wahlurne gehen durften, musste ein sprachlicher Trick angewendet werden: Mit dem Wort *Wähler* waren die Frauen nunmehr mitumfasst. Das generische Maskulinum war geboren. Zugleich waren die Frauen unsichtbar, anders als im Mittelalter, wo sich Rechtsdokumente finden lassen, die Frauen ausdrücklich erwähnen. In der Schweiz hingegen wurde den Frauen aufgrund der männlichen Bedeutung des Wortes *Schweizer* weitere 50 Jahre das Wahlrecht verweigert.

Im 20. Jahrhundert haben sich Frauen dank ihres Bildungshungers und oft auch aus ökonomischer Notwendigkeit heraus ihren Platz in der Berufswelt erkämpft, bis in die Wissenschaft hinein und in allerhöchste Positionen im Bundesverfassungsgericht, als Ministerpräsidentinnen und Bundeskanzlerin. Das Modell der westdeutschen Hausfrauenehe - der Mann als berufstätiger Ernährer, die Frau, die sich um Haushalt und Kinder kümmert - hat schon lange ausgedient. Die sogenannte Carearbeit geht trotz hoher Berufstätigkeit der Frauen jedoch immer noch zu ihren Lasten.

Das generische Maskulinum verschleiert den Blick auf die Erfolge der Frauen. Das Nachrichtenmagazin *Der Spiegel* hat nachgezählt: Von März 2020 bis Februar 2021 berichtete er über 107000 Männer und 28000 Frauen. Schockiert von dem Ergebnis hat Chefredakteur Steffen Klusmann die Devise ausgegeben: »Es gibt ja längst genügend Politikerinnen, Unternehmenschefinnen, Wissenschaftlerinnen, Lehrerinnen, Ärztinnen, Historikerinnen. Zu unserem Job gehört es, sie zu entdecken.« Wenn wir den Blick auch darauf lenken, so ist Gendern weit mehr, als Gendersternchen über Texte zu streuen. Sprache lebt mit den Menschen, die sie benutzen. Sie spiegelt die gesellschaftlichen Verhältnisse wider und sollte Korrekturen erfahren, wenn sich die individuelle Lebensführung und das Miteinander ändern.

Das Deutsche von der männlichen Vorherrschaft zu befreien, geht ganz gut, wenn wir uns bemühen, Frauen mehr ins Bild zu rücken. Dafür bieten sich viele sprachliche Möglichkeiten, erforderlich ist eine gewisse Wachheit im Ausdruck und ein wenig Kenntnis der Feinheiten deutscher Grammatik. Anders ist es, wenn wir die geschlechtliche Vielfalt abbilden wollen. Das System von Genus und Sexus des Deutschen ist eng auf Binarität gepolt. Diese sprachliche Zweigeschlechtlichkeit ist historisch gewachsen und entspricht der simplen Verteilung von Männern und Frauen in der Mehrheitsgesellschaft.

Doch das greift zu kurz. Das Wissen um geschlechtliche Variationen wurde jahrhundertelang unterdrückt, Menschen in stereotype Geschlechterrollen gezwungen und dergleichen mehr. Heute wissen wir so viel mehr über Identität und Vielfalt, doch wie können wir das in der Sprache abbilden? Genderstern & Co. passen bisher nicht in das orthografische System des Deutschen. Vielleicht aber erobern sie sich durch den vielfachen Gebrauch einen Platz darin. Noch ist die Verwendung von Genderzeichen befremdlich und fehleranfällig. Sie zu nutzen, ist dennoch an vielerlei Stellen hilfreich.

Ein Ausweg sind geschlechtsneutrale Formulierungen. Der Preis ist, dass so gearbeitete Texte dazu neigen, im wahrsten Sinne blutleer zu werden, ohne Menschen, die Identifikation bieten - und mit der Gefahr, dass Frauen wieder in der Unsichtbarkeit verschwinden. Dieses Dilemma gilt es, mit Kreativität in Wort und Bild, einem ausgewogenen Gefühl der Gerechtigkeit für alle - auch mit Blick auf die Diversität der Gesellschaft - und einer lebendigen Sprache zu überwinden. So bleibt uns das Lesevergnügen erhalten.

Allergie gegen das Maskulinum

Welche Wörter ein Sternchen verdienen

Manche Genderfans sind regelrecht allergisch gegen Wörter mit der Endung *-er*. Sie wittern hinter jedem *-er* ein generisches Maskulinum. Diesem sind dann Gendersternchen hinzuzufügen, damit die schöne neue Welt in Ordnung kommt. Es sind aber auch genderkritische Leute unterwegs, die mir nichts, dir nichts an allen möglichen und unmöglichen Stellen Gendersterne einbauen. Mit diesen absichtlichen Fehlern gehen sie hausieren und rücken das ernsthafte Bemühen um Vielfalt gezielt ins falsche Licht. Die Folge sind katastrophale Umfragewerte fürs Gendern. Denn so einen Quatsch - auch bezeichnet als »Genderunfug« und »Verhunzung der Sprache« - finden viele empörend. Sie merken jedoch nicht, dass sie einer Fehlinformation auf den Leim gehen.

Es ist also an der Zeit, eine Systematik notwendigen Genderns zu entwickeln, damit wenigstens die Genderwilligen keine Fehler machen.

Als Grundlage dient eine beliebige Liste von Wörtern mit der Endung *-er*:

» *Lehrer, Bürger, Rentner, Vater, Vetter, Opfer, Mitglieder, Follower, User, Kooperationspartner.*

Die ersten drei Wörter *Lehrer, Bürger, Rentner* werden oft generisch, also für alle geltend, verwendet: Frauen sollen sich mitgemeint fühlen. Gibt es von einer Personenbezeichnung eine feminine Variante, erzeugbar durch das Anhängen der Silbe *-in*, so lässt sich auch ein Genderzeichen einbauen: *Lehrer*in* oder *Lehrer*innen*, *Bürger:in* oder *Bürger:innen*, *Rentner_in* oder *Rentner_innen*. Das bekannteste Genderzeichen ist der Genderstern, dicht gefolgt vom Genderdoppelpunkt. Weniger üblich ist der Unterstrich, auch genannt Gendergap. Bitte bedenken Sie: Der Deutsche Blinden- und Sehbehindertenverband wie auch Menschen aus der Queercommunity empfehlen den Genderstern.

Vater und *Vetter* haben zwar auch eine Endung auf *-er*. Doch ihre weiblichen Varianten lauten: *Mutter* und *Base*. Letzteres ist ein nahezu vergessenes Wort, üblicher ist die *Cousine*. Bei verwandtschaftlichen Beziehungen – anders als bei Berufsbezeichnungen – ist der Wortschatz in puncto Geschlecht vielfältiger. Weibliche Familienangehörige werden nicht durch eine angehängte Silbe markiert, sondern haben eigenständige Bezeichnungen, gleichwertig zu ihren männlichen Verwandten. Interessant auch: Die Endung *-er* markiert beim Wort *Mutter* keinen Mann, genauso wenig wie beim Wort *Schwester*. Das weiß jedes Kind. *Tante, Oma, Nichte* – alles eigenständige Wörter, die jeweils zu *Onkel, Opa, Neffe* korrespondieren. Halt, stopp, es gibt doch auch die *Vetterin*. Ja stimmt, in älteren Texten kann sie uns begegnen.

Kommen Zweifel auf, ob ein Genderstern passen könnte, empfiehlt sich ein kurzer Check: Existiert das Wort auch mit dem Anhängsel *-in*? Bingo: Eine *Opferin* gibt es nicht, genauso wenig wie die *Mitgliederin*. Ein Anhaltspunkt ist bereits, dass beide Wörter sächlich sind: *das Opfer, das Mitglied*. Da es keine maskulinen und keine femininen Varianten dieser Wörter gibt, funktionieren sie geschlechtsneutral. Gendersternchen sind folglich nicht nötig, um alle anzusprechen. Bitte merken!

Wie sieht es bei Wörtern aus dem Englischen aus, die wir als Anglizismen nutzen? *User* und *Follower* sind im Englischen geschlechtsneutrale Wörter. Sie gelten für Frauen wie Männer oder wen auch immer. Erst wenn ein Pronomen hinzukommt, wird das Geschlecht des so bezeichneten Menschen sichtbar: Durch ein *she* für eine weibliche, ein *he* für eine männliche oder auch ein *they* für eine nicht-binäre Person, die dieses Pronomen nutzen möchte. Nutzen wir englische Wörter, so deutschen wir sie ein, indem wir Nomen einen Artikel verpassen, die Endung *-in* anhängen und Verben beugen oder auch konjugieren und mit deutschen Wörtern mischen. Beispiel: »Chill mal!« Folglich gibt es im Deutschen die *Userin* und die *Followerin*. Weil dies im Deutschen so üblich ist, hat der Duden diese eingedeutschten Wörter mit ihren femininen Varianten in sein Nachschlagewerk aufgenommen. Im Duden nicht vermerkt, aber oft auch mit Genderstern zu finden: *User*innen* und *Follower*innen*.

Richtig schwierig wird es bei einem Wort wie *Kooperationspartner*. Sind damit Unternehmen, Institutionen oder natürliche Personen gemeint?

Oft ist es eine Mischung und damit fangen die Probleme an. Das Wort *Kooperationspartner* ist maskulin. Bezieht es sich auf ein Unternehmen, das aufgrund seiner juristischen Person feminin ist, müsste es [illegible] feminisiert werden. Achtung, Fremdwort: »Semantische [illegible] wäre grammatikalisch richtig und zwar so: »Die XY-GmbH [illegible]-AG sind unsere *Kooperationspartnerinnen*«.

Erschwerend kommt hinzu: Nur Menschen werden gegendert. Ein Unternehmen oder eine Institution haben keine geschlechtliche Identität. Sie bekommen keine Sternchen. Wenn in der Kooperationsliste jedoch auch natürliche Personen stehen, geraten Sie vermutlich ins Grübeln, ob Gendersternchen passend sind. Machen Sie es sich einfach: Lassen Sie das Wort *Partner* weg. Es reicht zu schreiben: »Unsere Kooperationen« oder »Wir kooperieren mit …«.

Ist Ihre Aufmerksamkeit für maskuline Wortteile erst einmal geweckt, dann sehen Sie auch Wörter wie *Leserschaft, Bürgerschaft* oder *Ärzteschaft* kritisch. Es wäre zu schön, wir könnten diese Begriffe, die eine große unüberschaubare Gruppe bezeichnen, als geschlechtsneutrale Oberbegriffe verstehen. Viele Genderleitfäden empfehlen dies. Manche Genderfans möchten aber auch hier Sternchen und das Anhängsel *-innen* reinzaubern, schließlich ist das Maskulinum im vorderen Wortteil deutlich erkennbar. Diese Erweiterungen sind jedoch nicht wirklich zu empfehlen. Sollten Ihnen diese Worte so gar nicht passen, müssen Sie nach einer anderen Formulierung suchen. Das hilft eigentlich immer.

Bleibt noch eine kleine, kritische Wortgruppe zu betrachten. Was machen wir mit *tischlern*, *schriftstellern* oder auch *freundlich* und *juristisch*? *Kaufmännisch* ist eine besonders harte Nuss. Zwar hat sich die *Kauffrau* längst etabliert. Wer auch immer den Beruf ergreift, muss aber auch das *kaufmännische Rechnen* erlernen. Vermutlich gibt es beim Gendern wichtigere Probleme zu lösen als diese Kleinigkeit. Im »Handbuch geschlechtergerechte Sprache« von Duden gibt es jedenfalls den Rat: Finger weg von »femininen Pendants«. Verben und Adjektive, die historisch gewachsen sind, teils aus einer beruflichen Tätigkeit, sollten so bleiben, wie sie sind. Machen wir uns also nicht verrückt.

Eines zum Schluss: Gendern bedeutet ausprobieren und mit Worten spielen. Wenn drei Freund*innen über ihre »Freund*innenschaft« sprechen, ist das durchaus sympathisch und passt in einem Text für jüngere Leute. Die kriegen nicht gleich die Krise, wenn sie solche Neuschöpfungen sehen.

Von oben oder von unten

Wo die Triebfedern des Genderns liegen

> *Soll man denen da draußen sagen, dass das #Gendern irgendwann ganz normal sein wird? Meine SuS gendern schon. #nonbinary geht ihnen einfach so über die Lippen, #lgbtq ist ihr Alltag. Unsere Generation ist die letzte, die sich noch daran »stört«. #twlz #Schule*
>
> Tweet von @FrauLenzistda, 23. September 2021

Die Twitternutzerin Frau Lenz ist mit ihrer Beobachtung als Lehrerin eine von vielen. Im Twitterlehrerzimmer, dafür steht der Hashtag #twlz, berichten immer mal wieder LuL über das selbstverständliche Gendern ihrer SuS, also Lehr*innen über ihre Schüler*innen. Sie wissen, dass #nonbinary für nicht-binär steht und was hinter #lgbtq steckt: Lesben, Schwule, Bisexuelle, trans Personen und Queere. Viele Schulen, wenn auch bei Weitem nicht alle, gehen offen und wertschätzend damit um, wenn sich SuS oder LuL zu ihrer geschlechtlichen Identität oder sexuellen Orientierung bekennen, sich outen.

Diese Lebensrealität ist längst Alltag. Gendern gehört dazu. Vielleicht wurde in den vergangenen zwei, drei Jahren ein wenig übertrieben. Die Möglichkeiten müssen jedoch ausprobiert werden und wir können stolz darauf sein, dass dies in Deutschland möglich ist. Genauso wie auch Menschen gehört werden, die vom Gendern wenig bis nichts halten.

Wir können festhalten: Jugendliche und junge Erwachsene sind deutliche Triebfedern des Genderns. Natürlich nicht alle, auch in dieser Gruppe gibt es einige, die Gendern kritisch sehen oder kein Verständnis für geschlechtliche Vielfalt hegen. Die Pro-Gendern-Gruppe wird jedoch möglicherweise immer weiter mit dem Glottisschlag sprechen und dafür sorgen, dass dies zum weitläufigen Repertoire des individuellen sprachlichen Ausdrucks gehört. Außerdem wächst diese Gruppe unaufhaltsam und sie trägt ihre Haltung in ihre Berufstätigkeit hinein. Nicht umsonst machen sich auf der Suche nach Fachkräften große Unternehmen Gedanken, wie sie für mehr Diversität in ihrer Personalpolitik sorgen können.

Auch im Journalismus hat die Haltung der Jungen Auswirkung - sie sind mit dem Glottisschlag beim Sprechen und mit Gendersternchen in ihren Texten in vielen Redaktionen angekommen und haben Diskussionen ausgelöst. Diese wurden in Pro-und-Kontra-Artikeln, in kontrovers geführten Talkshows wie auch in Erklärvideos auf allen erdenklichen Kanälen abgebildet. Hinter den Kulissen haben viele Redaktionen währenddessen Leitlinien für die eigene journalistische Produktion zusammengestellt. Oft haben sie diese veröffentlicht und dafür Kritik wie Zuspruch ihrer Leserschaft oder ihres Publikums geerntet. Mit ihrer gemäßigten und oft sehr abgewogenen Haltung gehen etliche bereits mit gutem Beispiel für geschlechtergerechten Sprachgebrauch voran.

Als Multiplikatoren tragen Medien zur Sprachpflege der Gesellschaft bei. Das ist allen journalistischen Profis bewusst. Während die einen die Grenzen der allgemeinen Rechtschreibregeln austesten, halten die anderen, eher Konservativen akribisch am generischen Maskulinum als journalistischem Schreibstandard fest. Die garantierte Pressefreiheit erlaubt die eine wie die andere Haltung.

Unzweifelhaft haben Medien in den vergangenen zwei Jahren das Gendern bekannt gemacht. Weniger schön ist das öffentliche Hickhack ums Gendern. Es liegt in der Natur des Menschen, dass das vehemente Bekämpfen, mithin das Negative, das Sensationelle stärker wahrgenommen werden als das stille, einfache Machen. Dass Angela Merkel in ihren wenigen Ansprachen als Bundeskanzlerin perfekt gegendert hat, ist nahezu niemand aufgefallen.

Auch dass in vielen Teilen der Bevölkerung ein Umdenken eingesetzt hat, ist interessanterweise der populistisch geführten Diskussion mit zu verdanken. So ist in Radio und Fernsehen eine deutliche Zunahme von Beidnennungen zu beobachten - bei Menschen, die zu allen erdenklichen Themen interviewt werden und somit die Leistungen von Frauen deutlich ansprechen. Also nicht nur von Politiker*innen, die floskelhaft *Bürgerinnen und Bürger* erwähnen. Kleiner Seitenhieb: Einige wenige bekommen nicht mal das komplett hin, wie Olaf Scholz, der in vielen Statements immer nur »Bürger und Bürger« sagt. Irgendwie aber auch charmant, wie er es macht. Er versucht es ja wenigstens.

Es wird immer gern kritisiert, das Gendern werde »von oben verordnet«. Wer soll das sein? Die vielen Städte und Gemeinden, die sich fürs Gendern entschieden haben? Mit Unterstützung ihrer Gleichstellungsbeauftragten oder eigener Arbeitsgruppen, wie es die Stadtverwaltung von Kiel gemacht hat, haben sie ihre Kommunikation mit der Bevölkerung unter die Lupe genommen. Sie haben sich Genderregeln gegeben, Webseiten, Broschüren und vor allem Formulare überarbeitet. Artikel 3 Absatz 2 Grundgesetz gibt dem Staat vor, die Gleichstellung von Mann und Frau zu fördern und, Achtung, Absatz 3, niemand zu diskriminieren. Damit sind sie verpflichtet, auch Menschen anzusprechen, die sich nicht dem binären System aus Männern und Frauen zurechnen, also alle, für die das Gendersternchen steht.

Nichts anderes als das ist dieses Gendern im Verwaltungshandeln. Die Behörde klärt ihren Anspruch, für alle da zu sein. Umgekehrt ist vonseiten der Bürger*innen niemand gezwungen, beim Widerspruch gegen einen Bescheid zu gendern, niemand wird für das Sprechen oder Schreiben mit dem generischen Maskulinum bestraft. Das Einzige, was wir machen *müssen*, ist hinnehmen, wenn sich jemand geschlechtergerecht ausdrückt, schriftlich oder mündlich.

Apropos Triebfedern: Es waren die Beschlüsse der Stadtverwaltungen, allen voran die Stadt Hannover, die die Genderdebatte nach vorn katapultiert haben. Was jahrzehntelang in linguistischen Kreisen, in frauenbewegten Runden oder im Umfeld der Genderstudies diskutiert oder ein bisschen von der *taz* oder dann von jungen Medien ausprobiert worden war, wurde plötzlich ans Licht der Öffentlichkeit gezerrt, flankiert vom dringenden Wunsch der Queercommunity, durch den Genderstern oder zunächst auch durch den Gendergap für Sichtbarkeit zu sorgen und zugleich das Binnen-I zu ersetzen.

Blicken wir in die Zukunft: Wir sind mitten in einem Sprachwandel, wo viele abwägen: Will ich gendern oder nicht? Dies ist eine »basisdemokratische Bewegung«, kommentiert Prof. Luise F. Pusch, Mitbegründerin der feministischen Sprachkritik, das Geschehen, auf das sie mehr als vier Jahrzehnte gewartet hat. Momentan weiß niemand, wie die Diskussion ausgeht, ob sich Genderstern & Co. auf Dauer etablieren oder ob sich bessere Lösungen finden lassen. Nur eines ist gewiss: Die Jungen werden die Grundideen der sprachlichen Gleichstellung weitertragen. Und wenn schon, dann bitte auch alles andere, was sich mit der Idee der Gleichstellung der Geschlechter verbindet: echter politischer Wandel und eine Verbesserung der Lebensverhältnisse für alle.

Das wird man ja wohl noch sagen dürfen!

Ihr ganz persönlicher Weg zum Gendern

Wir denken in den immer gleichen Formulierungen. So sprechen wir dann auch. Jeder und jede ein bisschen anders zwar, meist aber so, wie in den ersten Lebensjahren um uns herum gesprochen wurde. Die Familie wie auch der Besuch des Kindergartens sind prägend. Wir übernehmen den Dialekt, wir rollen das R, obwohl es im Deutschen nicht notwendig ist, aber in unserer Region so gemacht wird. Und wir übernehmen die Ausdrücke, die Mutter und Vater, Oma und Opa und alle anderen auf uns loslassen. Ja, auch der familiäre Sprachwitz formt unseren Ausdruck. Während des weiteren Lebens erweitern wir unser Sprachvermögen von Mal zu Mal mehr - wir reden wie die anderen Teenies, wir lernen die Fachsprache des Berufs oder wir gewöhnen uns akademische Ausdrucksweisen an, sobald wir im ersten Semester an der Universität sind. Das ist doch fantastisch, wie flexibel der Mensch ist, wie lernbereit, ein Leben lang!

Nun kommt das Gendern hinzu und wir müssen uns ein paar Gedanken machen, wie wir das im Alltag hinkriegen. Sollen wir nun immer mit der Beidnennung sprechen? Oh, wie anstrengend! Soll man nicht mehr *man* sagen? Es ist doch praktisch, wenn man das macht, was man immer macht. Falls Sie sich über diesen Seitenhieb wundern, lesen Sie das Kapitel »Soll man ›man‹ gendern?«. Wie ist es mit dem Glottisschlag? Kriegen Sie die Minilücke so unbetont hin, dass sie selbstverständlich klingt, oder ist Ihnen das nach wie vor fremd? Das sind Entscheidungen im stillen Kämmerlein, die wir dann in jedem anderen Moment, in dem wir zu anderen sprechen, testen können.

Irgendwie wollen wir uns modern und aufgeschlossen zeigen, die Frauen in unserer Rede einbringen, überhaupt alle Geschlechter sprachlich umarmen. Wir haben schließlich kapiert, worum es beim Gendern geht. Dazu müssen wir das generische Maskulinum aus unserer Sprache verbannen. Aber die Macht der Gewohnheit ist oft stärker. Schauen wir es uns an: Die Kritik an der maskulinen Prägung des Deutschen hat uns doch erst vor Kurzem erreicht. Vielleicht beschäftigen wir uns auch schon zwei, drei Jahre damit, aber kaum länger. Es sei denn, wir wären in der Linguistik unterwegs oder mit Genderstudies befasst oder wir hätten als Feminist*innen nicht nur über die fehlende Gleichstellung der Geschlechter, sondern auch über die sprachliche Spiegelung der Verhältnisse in der Sprache nachgedacht.

Die Erwachsenen unter uns haben Jahrzehnte der Sprechgewohnheit auf dem Buckel. Kein Wunder, dass es die Jüngeren sind, die sich so viel besser, ja perfekter auf eine geschlechtergerechte Sprache einstellen können. Ihr Sprachvermögen ist frisch, ihre Lernbereitschaft - rein biologisch gesehen - noch hoch. Jedenfalls die, die es wollen, stellen sich um. Es will aber auch unter den Jungen nicht jede*r.

Manche spüren den gesellschaftlichen Druck: Wenn du so oder so redest, merken alle, wes Geistes Kind du bist. Es ist ein sprachliches Outing. Bin ich schon ein Freund, eine Freundin geschlechtergerechter Sprache oder hören andere, dass ich nichts davon halte? Unsere Sprache ist etwas Höchstpersönliches. Wer will sich schon »das Maul verbieten lassen«?

Schade, wenn Sie das Gefühl haben, Sie müssten gegen Ihren Willen etwas tun, Sie würden zu einer anderen Sprache, zum Gendern gezwungen. Zwang ist eine ganz blöde Sache, genauso wie Verbote, wenn es ums Denken und damit ums Sprechen geht. Kein Wunder also, dass es so leicht für die Gegner*innen des Genderns ist, die Empörung übers Gendern zu pushen, Wut und Ablehnung zu erzeugen. Aber haben Sie genau hingehört? Wer etwas gegen das Gendern hat, redet von Verboten, die anderen nur von Empfehlungen.

Nein, liebe Leute, keine Verbote, kein Zwang, bitte schön! Aber Toleranz für Andersdenkende. Vielleicht ist ja etwas an dem dran, wie die es machen? Hören Sie zu und beobachten Sie, welche Art Informationen sie durch geschlechtergerechtes Sprechen dazugewinnen: Oha, im Afghanistaneinsatz waren auch Soldatinnen dabei! Wow, der Anteil der Ärztinnen liegt heute bei 50 Prozent! Wie kann das sein: Im neu gewählten Bundestag ist wieder nur ein Drittel der Abgeordneten weiblich. Diese Informationen vermitteln sich über die Sprache. Die Sprache erzeugt Bilder in unseren Köpfen. Die Bilder prägen unser Denken. Wir erweitern mit ihnen unseren Horizont und sind in der Lage, uns von vorgefassten Meinungen zu verabschieden wie auch von klischeehaften Vorstellungen, wie Männer und Frauen zu sein haben. Wir brauchen diese Informationen, um unsere Gesellschaft besser zu verstehen und nach und nach etwas daran zu ändern. Wir brauchen mehr Respekt für die Kompetenzen von Frauen. Und Akzeptanz für Menschen, die ihr Leben anders gestalten, als es die eigene Weltsicht erlaubt.

Niemand muss, alle dürfen. Reden Sie einfach weiter frei nach Schnauze. Wenn Sie über Frauen sprechen, wechseln Sie sowieso zu den femininen Formen der Personen- und Berufsbeschreibungen. Sie können jederzeit ein Schippchen drauflegen. Sie können sich angewöhnen, nicht nur *Sehr geehrte Damen und Herren* zu begrüßen, sondern mit einem *Herzlich willkommen* alle Geschlechter. Statt *jeder Einzelne* könnten Sie sagen *wir alle*. Es gibt so viele Floskeln, von denen Sie sich leichten Herzens verabschieden könnten - um schöne neue Formulierungen zu finden. Unsere deutsche Sprache ist ideal, um sich geschlechtergerecht auszudrücken. Wir müssen weder uns noch die Sprache dafür verbiegen.

Hallo Duden! Alles weiblich?

Begrüßen Sie doch mal die Gästin

Macht die deutsche Rechtschreibung das wohl mit: feminine Endungen bei sämtlichen Personen- und Berufsbezeichnungen? *Vorständin, Gästin, Bösewichtin,* ja auch *Userin* und *Managerin* klingen ungewohnt, und die Frage ist: Geht das überhaupt?

Der Blick in den Duden ist immer hilfreich. Alle, die richtig schreiben wollen und müssen, können sich auf das Nachschlagewerk verlassen. Denn der Rechtschreibratgeber wird auf der Grundlage der amtlichen Rechtschreibregeln erstellt. Allerdings macht Duden nicht die Regeln, für sie ist seit 1996 allein der Rat für deutsche Rechtschreibung zuständig. Seit 2011 steht der Duden uns sogar online zur Seite – wir brauchen nur ein paar wenige Klicks, um uns beim Schreiben zu vergewissern.

Im Bücherregal steht noch eine Dudenausgabe von 2006 und beim Blättern kommt heraus: Es steht *Vorstand* darin und *Gast*, ohne ausdrücklich feminine Form. Aber neben dem *Bösewicht* findet sich bereits die *Bösewichtin*. Zweite Überraschung: Das Wort *User*, obwohl es ein englisches Wort ist, gibt es auch schon in der mehr als 15 Jahre alten Buchausgabe. Aber es geht noch besser: Das Buch führt sogar die feminine Variante *Userin* auf, genauso wie die *Managerin*. Auf dem Wege der Eindeutschung haben beide Anglizismen das Anhängsel *-in* erhalten.

Mit dem Wort *Gast* ist das so eine Sache. Das galt eigentlich als geschlechtsneutral und wurde sogar in der linguistischen Literatur als Beispiel dafür benannt, obwohl das Wort eindeutig maskulin ist: *der* Gast, im Plural nicht ganz so deutlich zu spüren: *die* Gäste. Aber *der* Mensch ist auch geschlechtsneutral, so wie *die* Person. Möglicherweise aber bleibt das Wort *Gast* noch länger als generischer, alle mitmeinender Begriff erhalten. Es hat sich tief in den allgemeinen Sprachgebrauch eingegraben.

Seit 2009 steht die *Gästin* im Duden. Es war aufgefallen, dass das Wort - wieder - häufiger genutzt wurde. Die Leiterin der Dudenwörterbuchredaktion, Dr. Kathrin Kunkel-Razum, schrieb mir auf meine Anfrage zum Aufkommen vieler neuer femininer Endungen im Herbst 2020:

> *»Die ›Gästin‹ ist eine sehr alte Form, die bereits im Grimm'schen Wörterbuch verzeichnet ist, auch bei Katia Mann erscheint sie. Anders ist das natürlich bei der ›Vorständin‹, die vor einigen Jahren neu in den Duden aufgenommen wurde.*
> *Zunächst einmal überprüfen wir bei jedem Wort, das ein Aufnahmekandidat für den Duden ist, die empirische Beleglage. Dies ist aber natürlich nicht das einzige Kriterium für die Aufnahme eines Wortes. Bei Personenbezeichnungen gibt es seit rund 20 Jahren die Hausregel, dass zu den männlichen Formen auch die weiblichen aufgenommen werden, selbst wenn sie noch nicht in großer Häufigkeit in den Korpora vertreten sind. So haben wir vor vielen Jahren sehr intensiv die Aufnahme von ›Päpstin‹ diskutiert und uns dann für die Aufnahme entschieden, u. a. wegen des damaligen Bestsellertitels und der in der Geschichtswissenschaft diskutierten Frage, ob es schon einmal eine Päpstin gegeben habe. Die ›Gangsterin‹ steht übrigens auch schon im Duden.*
> *Bei den von Ihnen genannten Beispielen wie ›Userin‹ sehen wir keinerlei Probleme bei Bildung und Gebrauch weiblicher Formen. Wenn diese Wörter im Deutschen frequent werden, werden sie im Allgemeinen auch in verschiedenen Aspekten in das deutsche Sprachsystem eingepasst, sie bekommen eine Genuszuweisung samt Artikel, sie werden flektiert, manchmal wird die Aussprache angepasst etc. Sie funktionieren dann also (teilweise) wie deutsche Wörter, und damit wird auch die Bildung der weiblichen Form nach deutschen Wortbildungsregeln möglich, wie Sie das für ›Manager(in)‹ beschreiben (wegen der englischen Aussprache glaube*

ich aber, dass das Wort nach wie vor als Fremdwort gesehen wird). Besonders schnell erfolgt die Bildung weiblicher Formen sicher bei Berufs- und Tätigkeitsbezeichnungen, weil diese Berufe/Tätigkeiten eben auch von (vielen) Frauen ausgeübt werden.
Aber natürlich gibt es immer auch Zweifelsfälle. Aktuell gehört für uns das Beispiel ›Data-Scientist‹ dazu. Dadurch, dass ›Scientist‹ (noch?) nicht in das Deutsche integriert ist, ist es die weibliche Form auch nicht. Hier werden wir die weitere Entwicklung beobachten.«

Halten wir im Ergebnis fest: Die Dudenredaktion beobachtet sehr genau, welche Wörter im täglichen Sprachgebrauch üblich sind. Dazu sammelt sie Textbeispiele in den umfangreichen Korpora, von denen Kathrin Kunkel-Razum spricht. Maßgeblich für die Aufnahme in den Duden sind und bleiben die Wortbildungsregeln der deutschen Sprache. Diese Regeln sehen vor, dass durch das Anhängen von *-in* eine feminine Form entsteht, und die wird dann ordnungsgemäß »flektiert«, also gebeugt, damit sie im Deutschen ihren Fremdheitscharakter verliert.

Wir müssen uns also nur daran gewöhnen, dass Wörter, die bisher in ihrer maskulinen Variante im Gebrauch waren, nun auch feminin verwendet werden. Das passiert parallel zur gesellschaftlichen Entwicklung. So waren in Vorstandssitzungen lange Zeit - und oft auch heute noch - Männer unter sich. Wenn aber Frauen mit Vorstandsposten betraut werden, dann sind sie *Vorständinnen*. Das sagt der Duden, und das seit 2013. Schon damals erhob sich in den Medien Protest gegen *die Vorständin*.

Im Januar 2021 schwappte erneut eine mediale Protestwelle übers Land. Denn da wurde bekannt, dass die Dudenredaktion dabei ist, in ihrer Onlineausgabe 12 000 Personenbezeichnungen eine eigene weibliche Definition zu verpassen. Die Vorständin ist nunmehr das »weibliche Mitglied eines Vorstandes«, der Vorstand das »männliche Mitglied eines Vorstandes«. Praktiziert wird hier ein Akt der sprachlichen Gleichstellung auf der Grundlage des deutschen Sprachgebrauchs.

Weil nun alle genau hinschauten, was der Duden da macht, entdeckten sie die Wörter *Bösewichtin* und *Gästin,* seit 2006 und 2009 darin verzeichnet. Was für Schlagzeilen! Wie konnte der Duden es wagen, solchen Wörtern die Absolution zu erteilen. Bei aller Rage ist es jedoch ratsam, sich erstmal schlauzumachen. Der Duden erfindet keine Wörter. So ist *Gästin* bereits seit mehr als 160 Jahren in Gebrauch, nachweislich notiert im »Deutschen Wörterbuch« von 1854. Wir hatten *die Gästin* nur vergessen.

Mannesehre in Gefahr

Nur weil der eine oder andere Buchstabe verschwindet

Beim Gendern ist der Anspruch hoch: Fair soll der Sprachwandel sein. Gleichberechtigung gilt es, für alle Geschlechter zur Anwendung zu bringen. Jedoch hat männliches Feingefühl Fälle von Diskriminierung aufgespürt. Reihenweise beschweren sich Männer über Wörter wie *Kund*innen* und *Kolleg*innen*. Ja, auch *Terrorist*innen* wäre ein Fall für solch ein Klagen, nur haben die Betroffenen anderes zu tun, als sich über derlei Lappalien zu echauffieren.

Es ist in der Tat nur eine Kleinigkeit: Es geht ums *e*. Beim Einsatz von Genderzeichen entfällt bei den Wörtern *Kunde* oder *Kollege* der Vokal vorm Genderstern. Durch die Beschneidung auf *Kund* und *Kolleg* fühlen sich allen Ernstes einige Männer als Mann diskriminiert. Schade, dass sie sich benachteiligt oder, sagen wir, als falsch bezeichnet fühlen. Dass das *e* entfällt, ist keine böse Absicht, sondern liegt an den allgemeinen Sprachregeln des Deutschen. Bliebe es erhalten, würden mit dem Genderstern Wörter entstehen, die schwer lesbar und unaussprechlich sind: *Kunde*innen* bzw. *Kollege*innen*. Oh je, wie würden dann erst die Sprachästhet*innen aufheulen?!

Endet dagegen eine maskuline Personenbezeichnung auf einem Konsonanten, bleibt sie als ganze erhalten, z.B. bei *Lehrer*innen* oder *Bürger*innen*. Glück gehabt, die Sprachbildung schützt hier vor dem Verlust der Mannesehre. Nicht dagegen, wenn der Plural die Endung *-en* hinzufügt, dann ist sie im Weg. Bei *Terroristen* oder *Ingenieuren* entfällt das *-en* mit dem Genderzeichen: Übrig bleiben *Terrorist*innen* und *Ingenieur*innen*.

So jedenfalls hat es sich herauskristallisiert in diesen vergangenen Jahren des eifrigen Genderns vieler Menschen, die sich am Sprachwandel beteiligen. Eine offizielle Regel zum korrekten Gebrauch des Gendersterns gibt es nämlich nicht. Die Sprachgemeinschaft der deutschsprachigen Länder ist in der Experimentierphase, wie es sprachlich und grammatikalisch mit Genderzeichen funktionieren kann.

Der Rat für deutsche Rechtschreibung sagt: Genderstern & Co., mitten im Wort platziert, sind der deutschen Rechtschreibung fremd. Weil dieser Rat als Hüter des korrekten Schreibens dem Genderstern die Anerkennung verweigert, sitzt er in der Bredouille: Er kann schlechterdings keine Regeln für den richtigen Umgang mit dem Genderstern herausgeben. Eigentlich schade, denn so entsteht Wildwuchs und Fehler schleichen sich ein. Oder auch nicht, denn am Ende bleibt übrig, was zur Sprachlogik des Deutschen passt. Das ist gewiss.

Doch zurück zu den konkreten Beispielen: Interessanterweise geht beim Wegfall der Endungen der Informationsgehalt nicht flöten. Denken wir an Wörter wie *kollegial* oder *Kundschaft,* wissen wir, worum es geht, obwohl nur der Wortstamm enthalten ist. Wörter wie *Kolleg*innen* und *Kund*innen* sind folgerichtig auf Anhieb verständlich. Doch wo bleibt der Mann? Hängt das männliche Ego allen Ernstes am *-e* oder *-en*? Ganz Spitzfindige sagen: Im Plural ist doch alles da: *Kolleg~~*inn~~en* oder *Kund~~*inn~~en*.

Sehen wir, wie es ist. Alle Personengruppen in einem einzigen Wort nennen zu wollen, ist ein Kompromiss:

» Frauen werden sowieso immer nur durch ein Anhängsel sprachlich markiert: *-in* oder *-innen*. Das wirkt wie eine Ableitung vom Normalfall Mann. Es gibt nämlich nur eine gute Handvoll rein weiblicher Personenbezeichnungen: *Krankenschwester, Hebamme, Lesbe, Tante, Mutter, Hure*.
» Menschen, die trans-, intergeschlechtlich oder nicht-binär sind, haben allenfalls ein Sternchen. Ein Pronomen wie *er* oder *sie* gibt es für sie nicht, nur einige Vorschläge, wie sich das ändern lässt.

» Männer müssen bei einigen Bezeichnungen die Endung abtreten. Ist das so schlimm?

Mit Genderzeichen neue Wörter zu bilden, ist ein Aufeinanderzugehen aller Geschlechter und der Versuch, alle zugleich zu meinen. *Kolleg*innen* und *Kund*innen* sind solch sprachliche Übereinkünfte, genauso wie *Terrorist*innen* und *Ingenieur*innen*.

Die ganze Wahrheit ist: Genderzeichen haben einen Verzicht auf Privilegien zur Folge. Männer sind sprachlich nicht ganz so präsent, wie sie es gewohnt sind. Der Gewinn ist sprachliche Sichtbarkeit für alle. Und das ist gerecht.

Maskulinum durch die Hintertür

Warum Stellenanzeigen mit m/w/d ein Ärgernis sind

Wissen Sie, was (m/w/d) heißt? Männlich, weiß, deutsch? Falsch geraten. Richtig ist: *m*ännlich, *w*eiblich, *d*ivers. Diese Kürzel, in Klammern gesetzt, finden Sie in vielen Stellenangeboten. Die Jobbeschreibung muss nämlich aus rechtlichen Gründen klarmachen, dass sich Menschen aller Geschlechter für die Stelle bewerben können. Wenn Personalverantwortliche diesen Hinweis vergessen, verstoßen sie gegen das Allgemeine Gleichstellungsgesetz. In Deutschland sind nach § 1 AGG »Benachteiligungen aus Gründen der Rasse oder wegen der ethnischen Herkunft, des Geschlechts, der Religion oder Weltanschauung, einer Behinderung, des Alters oder der sexuellen Identität zu verhindern oder zu beseitigen«. Eine Sanktion oder Maßregelung sieht das Gesetz nicht vor. Wesentlich wirkungsvoller ist, dass abgewiesene Bewerber*innen aufgrund einer fehlerhaften Stellenausschreibung ein Klageverfahren wegen Diskriminierung anstrengen können. Schlecht fürs Budget des Unternehmens und schlecht für seinen guten Ruf.

Die einfachste Lösung - unter Verwendung der rechtssicheren Kürzel - sieht deshalb meist so aus:

» *Buchhalter (m/w/d) gesucht*

Ärgerlich daran ist, dass sich in dieses Jobangebot das Maskulinum wieder eingeschlichen hat. Wer so formuliert, verlässt sich auf die generische Wirkung: Frauen sollen bei der Jobbeschreibung mitgemeint sein und genderfluide Personen ebenso, schließlich konkretisierten die Kürzel das Angebot. Studien zeigen jedoch, dass sich Frauen bei einer maskulinen Formulierung von Stellenangeboten weniger angesprochen fühlen. Da hilft dann auch das kleine *w* in Klammern nicht viel. Insbesondere dann, wenn es ein Beruf ist, den noch immer vorwiegend Männer ausüben:

» *Ingenieur (m/w/d) gesucht*

Eine gleichberechtige Variante ist, maskulin und feminin ausdrücklich zu nennen. Hierbei ist der Hinweis auf *divers* dringend geboten, denn die Beidnennung ist binär. Es soll aber deutlich werden, dass die Stelle allen Geschlechtern offensteht.

» *Buchhalter/Buchhalterin (m/w/d) gesucht*

Steht das Unternehmen Genderzeichen positiv gegenüber, ist diese Formulierung möglich:

» *Buchhalter*in (m/w/d) gesucht*

Sie finden, das ist doppelt gemoppelt? Stimmt schon. Wie wäre es stattdessen mit diesem Stellenangebot:

» *Wir suchen für unsere Buchhaltung eine Fachkraft (m/w/d).*

Wer keine Sternchen schreiben will, kann mit geschlechtsneutralen Synonymen arbeiten, Wortkombinationen mit *-talente* oder *-kräfte* bieten sich an:

» *Verkaufstalente (m/w/d) gesucht*
» *Kreative Talente (m/w/d) gesucht*
» *Sprachtalente (m/w/d) gesucht*
» *Aushilfskräfte (m/w/d) gesucht*
» *Fachkräfte (m/w/d) gesucht*
» *Lehrkräfte (m/w/d) gesucht*

Auch für Führungspositionen gibt es geschlechtsneutrale Synonyme:

» *Geschäftsführung (m/w/d) gesucht*

» *Abteilungsleitung (m/w/d) gesucht*
» *Personalvertretung (m/w/d) gesucht*

Noch ein Hinweis: Haben Sie ein Stellenangebot mit einem Kuddelmuddel aus Sternchen, Schräg- und Unterstrichen entworfen, sollten Sie es überarbeiten. So lieber nicht:

» *Wir suchen eine*n Buchhalter*in (m/w/d).*
» *Wir bieten die Stelle einer/eines Buchhalterin/Buchhalters (m/w/d) an.*

Besser so: Finden Sie eine Formulierung, bei der Sie sich den vorangestellten Artikel sparen können:

» *Buchhalter*in (m/w/d) gesucht. Wir bieten ...*
» *Buchhalter/Buchhalterin (m/w/d) gesucht. Wir erwarten ...*

Das ist noch nicht alles zum Gendern bei der Suche nach neuen Mitarbeitenden. Beobachten Sie doch mal Jobangebote. Zwischen herkömmlichen Stellenanzeigen blitzen gelegentlich charmante Alternativen auf wie diese:

» *Wir suchen eine Expertin, darf auch männlich oder genderqueer sein, ... die ... kann.*

Wollen Sie es selbst mal versuchen? Sie können mit Umschreibungen arbeiten. Wenn diese eindeutig diskriminierungsfrei sind, können Sie im Übrigen auf die Kürzel (m/w/d) verzichten. Legen Sie gleich noch eins drauf und machen Sie in Ihrem Text deutlich, wie wichtig Ihnen und Ihrem Unternehmen ein divers aufgestelltes Team ist:

» *Wir suchen für unsere Buchhaltung einen Menschen mit Köpfchen. Ihr Geschlecht, Ihr Aussehen und Ihre Herkunft sind uns egal. Dass Sie mit Zahlen umzugehen wissen und penibel Buch führen, sind Fähigkeiten, die Sie mitbringen sollten.*

Oder so:

» *Wir suchen Fachkräfte für unsere Buchhaltung. Hautfarbe, Herkunft oder Geschlecht spielen für uns keine Rolle, solange Sie zu uns passen und Ihre Motivation stimmt.*

Laut einer Studie des britisch-deutschen Personaldienstleisters Michael Page haben *Diversity-Teams* klare Vorteile. 64 % der Befragten sind motivierter und zufriedener mit ihrem Arbeitsumfeld, 28 % empfinden weniger Stress bei der Teamarbeit. Schreiben Sie also in Ihre Stellenanzeige hinein, was für ein gutes, vielfältiges Umfeld die ausgeschriebene Stelle bietet. Schließlich wollen Sie doch auch die Besten der Besten für sich gewinnen.

Ehrenrettung für das Maskulinum

Warum es manchmal funktioniert

Das generische Maskulinum steht in der Kritik, völlig zu Recht. Es ist viel zu oft im Einsatz und seine zentrale Aussage kommt immer weniger an. Sind Frauen wirklich gemeint und wo bleibt die Vielfalt der Geschlechter? Nicht immer fühlen sich alle angesprochen und mitgemeint. Doch die Kritik ist sehr pauschal und nach der Verteufelung ist es an der Zeit, die grammatische Figur nochmal näher zu beleuchten.

Peter Eisenberg, emeritierter Professor für Linguistik und eifriger Verteidiger des generischen Maskulinums, schrieb 2018 in der *F.A.Z*: Es handele sich um Substantive im Maskulinum, die sich »auf ganze Gruppen von Personen ohne Geschlechtsdifferenzierung beziehen können«. Das Wörtchen »können« ist hier von Interesse. Es bedeutet nämlich, dass das generische Maskulinum mal funktioniert und mal nicht. Machen wir uns also auf die Suche.

Welches Bild kommt Ihnen in den Sinn, wenn Sie diesen Satz lesen?

» *Drei Ärzte stehen auf dem Krankenhausflur.*

Und welches hier?

» *5 000 Besucher kamen zum Festival an der Seebühne.*

Neben dem grammatischen Geschlecht einer Personenbezeichnung, dem Genus, und dem biologischen Geschlecht, dem Sexus, spielen soziale Erwartungen und Erfahrungen eine Rolle. Damaris Nübling, Professorin für Historische Sprachwissenschaft, verweist in dem 2018 veröffentlichten Aufsatz »Und ob das Genus mit dem Sexus« auf Studien, die den »Genderisierungsgrad« einer maskulinen Personenbeschreibung im

Plural testen. Dabei kam heraus: Bei einer Berufsbezeichnung kommt es sehr darauf an, welche Vorstellung von Geschlecht sich damit verbindet, welche Assoziationen sie auslöst.

Überlegen Sie mal, wann Sie Männer vor Ihrem geistigen Auge sehen und wo das Bild nicht so eindeutig ist:

» *Maurer, Köche, Busfahrer, Beamte, Abgeordnete, Erzieher, Kosmetiker*

Es spielt auch eine große Rolle, ob das Wort eine Berufsbezeichnung ist oder nicht.

» *Einwohner, Steuerzahler, Wähler, Zuschauer, Gäste, Nachbarn*

Damaris Nübling sagt: Der Beruf begünstige die männliche Lesart, je nach seinem realen Geschlechteranteil und nach den zugeschriebenen Stereotypen. Personenbeschreibungen, die kein Beruf sind, würden dagegen geschlechtsneutraler verstanden. Auch der Plural stehe mehr für Allgemeingültigkeit, während ein Maskulinum im Singular eindeutiger einem Mann zugeordnet wird.

Bei den drei Ärzten auf dem Krankenhausflur ist es sehr wahrscheinlich, dass Sie sich drei Männer im weißen Kittel vorstellen. Obwohl längst die Hälfte aller Ärzt*innen Frauen sind, hat sich das Bild, dass Ärzte Männer sind, in der allgemeinen Vorstellung so verfestigt, dass es auch durch die Lebenserfahrung kaum korrigiert wird. Oder wer ist Ihr Hausarzt? Wer ist Ihr Orthopäde oder zu welchem Kinderarzt gehen Sie? Bei den Festivalbesuchern haben Sie vermutlich das Bild vor Augen, wie Männer und Frauen in Vorfreude auf ein musikalisches Erlebnis auf das Gelände strömen. Auch das ist Ihre eigene Lebenserfahrung bzw. das Bild, das Sie aus dem Fernsehen kennen.

Wenn Sie über dieses Texterlebnis nachdenken, können Sie sich vielleicht beim Schreiben besser darauf einstellen, wann ein Maskulinum, in der Absicht generisch zu wirken, tatsächlich funktioniert und wann eine Beidnennung oder ein Genderzeichen unverzichtbar sind. Aber Vorsicht: Lebenserfahrung kann sehr unterschiedlich sein. Fahren Sie zum Beispiel leidenschaftlich gern Motorrad und nehmen an Treffen mit anderen Motorradfreaks teil, wissen Sie, dass darunter auch Frauen sind, die schwere Maschinen fahren. Die Allgemeinheit geht beim Wort *Motorradfahrer* dagegen meist von Männern aus.

Im Journalismus ist die Sache mit dem generischen Maskulinum besonders trickreich. In Radio- oder Fernsehnachrichten zum Beispiel geht es in einem fort um Menschen, die etwas entscheiden oder erleiden. Diese News sind mit wenigen Worten auf den Punkt zu texten: Kurz muss es sein und inhaltlich richtig. Das bedeutet, bei jedem Satz zu überlegen, wie die Beteiligten am besten darzustellen sind: Passt das Maskulinum als generalisierender Ausdruck oder ist für eine Beidnennung Platz? Kann ein geschlechtsneutrales Partizip gesetzt werden oder passt ein Wort mit Genderzeichen? In den Nachrichten werden wir folglich auch weiterhin das generische Maskulinum hören. Manchmal tut es gute Dienste.

zwei

Schreibregeln verzweifelt gesucht

Wer gendert, will eigentlich alles richtig machen. Doch für den Einsatz von Gendersternchen, Genderdoppelpunkt und Gendergap gibt es keine Regeln. Keine amtlich anerkannten jedenfalls. Denn der Rat für deutsche Rechtschreibung besteht bisher darauf, dem Gendersternchen die Anerkennung zu verweigern. Für den Rechtschreibrat sind Genderstern & Co. lediglich typografische Zeichen, die mitten im Wort nichts zu suchen haben. Es wird der Moment kommen, da der Sprachgemeinschaft Regeln für Genderzeichen an die Hand gegeben werden müssen. Es führt kein Weg daran vorbei. So oder so dienen die allgemeinen Rechtschreibregeln als Grundlage für eine geschlechtergerechte Sprache. So wird das Beste daraus gemacht.

Verbieten verboten

Über die Lust, dem Gendern ein Ende zu setzen

In der Genderdebatte träumen einige davon, das Gendern zu verbieten, insbesondere Politiker und Politikerinnen, die mit dieser Forderung auf Wählerstimmen aus dem konservativen Lager schielen. Der Freistaat Sachsen hat ihnen zum Ende der Sommerferien im August 2021 den Gefallen getan und Schulen untersagt, Genderzeichen zu verwenden. Beim kurzen Rauschen im Blätterwald klang es wie ein Verbot, dass in Unterrichtsmaterialien, offiziellen Schreiben der Schulleitung und Briefen an die Eltern Genderstern & Co. nicht auftauchen sollen.

Ein Erfolg für die Gendergegner*innen? Nicht doch, es ist lediglich eine Klarstellung, auf die auch die schleswig-holsteinische Bildungsministerin Karin Prien (CDU) pocht: 2006 hat die Kultusministerkonferenz den Beschluss gefasst, dass die amtlichen Regelungen der deutschen Rechtschreibung verbindliche Grundlage für den Schulunterricht sind. Die Kinder sollen erst mal ordentlich schreiben lernen. Die normgerechte Schriftsprache ist Schulstoff. Im Deutschaufsatz darf das Gendersternchen als Fehler angestrichen werden.

In Berlin ist das genauso. Die dortige Bildungsverwaltung hat auf Nachfrage der *Zeit* erklärt, dass Gendersternchen, Unterstrich oder andere Varianten im Unterricht jedoch als gesellschaftliches Phänomen behandelt werden dürfen. »Im Sinne eines zeitgemäßen Unterrichts ist das Aufgreifen von Genderfragen ausdrücklich erwünscht«, wird die Bildungsverwaltung zitiert.

Bei genauerem Hinsehen wird deutlich: Bei dem Schreiben an die sächsischen Schulleitungen geht es um eine »Handlungsempfehlung«. Gezielte Kontrollen oder Sanktionen soll es nach Ministeriumsangaben nicht geben. Ein Verbot sieht anders aus.

Deutschland ist ein liberales Land, eine Bastapolitik wird es beim Gendern nicht geben. Jede und jeder darf sprechen und schreiben, wie er oder sie will. Es sei denn, sie drücken gerade die Schulbank. Das ist ein sehr wichtiger Grundsatz. Und dennoch gibt es eine Institution, die aufpasst, dass das mit der Rechtschreibung nicht komplett aus dem Ruder läuft. Nein, dies ist nicht der Duden, falls Sie das geglaubt haben sollten. Der Dudenverlag gibt lediglich das meistverkaufte Rechtschreibbuch und weitere Nachschlagewerke zur deutschen Sprache heraus. Damit ist der Duden ein Sprachrohr für die allgemeinen Rechtschreibregeln, die er genauestens beachtet. Diese haben ihre Grundlagen im amtlichen Regelwerk, das beim Leibniz-Institut für deutsche Sprache verwahrt wird.

Beim Gendern schauen seit Herbst 2018 alle Sprachinteressierten auf den Rat für deutsche Rechtschreibung. Der sagt nämlich von Zeit zu Zeit Entscheidendes zum Genderstern. Im Rat versammelt sind 41 kluge Köpfe aus der Linguistik, aus dem Verlagswesen, den Medien, der Pädagogik und zwar aus allen sieben (!) Ländern, in denen Deutsch Amtssprache ist. Hätten Sie es gewusst? Es sind Deutschland, Österreich, Schweiz, Liechtenstein, Bozen-Südtirol, Belgien und Luxemburg. Deren Sprachtraditionen unter einen Hut zu bringen, ist nicht einfach. Interessant ist, dass sich das Gremium nicht als zentrale Instanz staatlicher Sprachenpolitik versteht. Es begleitet dennoch wirkmächtig die sprachpolitische Meinungs- und Willensbildung über Sprachgebrauch und Sprachveränderung.

Was das heißen soll? Bislang befanden die versammelten Expertinnen und Experten: Die gesellschaftliche Diskussion um Schreibweisen zur Berücksichtigung der unterschiedlichen Geschlechter sei nicht abgeschlossen, die Sprachentwicklung müsse weiter beobachtet werden. Wir können also mit dem Genderstern machen, was wir wollen. Heißt es an anderer Stelle »der Markt regelt das«, so gilt das auch bei der Sprache: Die Sprachgemeinschaft regelt das. Auch wenn sie sich dabei mächtig auf die Rübe haut, findet doch ein Klärungsprozess statt. Wir alle lernen unsere Sprache besser kennen und testen deren Möglichkeiten.

Der Rat für deutsche Rechtschreibung ist dabei an unserer Seite. Er gibt uns mit auf den Weg:

Geschlechtergerechte Texte sollen
» sachlich korrekt
» verständlich und lesbar
» rechtssicher und eindeutig
» sowie gut vorlesbar sein.

Dennoch haben wir vom Rat für deutsche Rechtschreibung eine zentrale Ansage: Genderzeichen entsprechen nicht der amtlichen Rechtschreibung. Bisher nicht.

In seiner Pressemitteilung vom 26. März 2021 weist der Rat, wie schon 2018, darauf hin, dass Zeichen wie der hochgestellte Stern, der Doppelpunkt oder der Unterstrich in der geschriebenen Sprache andere Bedeutungen haben, z. B. als Satzzeichen, typografische und kommunikationstechnische Zeichen oder auch in der Informatik.

> *»Ihre Nutzung innerhalb von Wörtern beeinträchtigt daher die Verständlichkeit, Vorlesbarkeit und automatische Übersetzbarkeit sowie vielfach auch die Eindeutigkeit und Rechtssicherheit von Begriffen und Texten. Deshalb können diese Zeichen zum jetzigen Zeitpunkt nicht in das Amtliche Regelwerk aufgenommen werden.«*

Ob sich diese Einstellung zu Genderstern & Co. jemals ändern wird? Vielleicht, wenn ein gezielter und bedachter Einsatz der Zeichen beweist, dass sie funktionieren und dass die Sprachgemeinschaft den Informationsgehalt versteht und akzeptiert.

Beugeübung mit dem Genderstern

Eine Schulstunde Grammatik

Das Gendersternchen macht Probleme. Ja! Und zwar im Singular. Wenn wir uns Texte anschauen, in die munter viele, viele Sternchen eingefügt sind, geraten wir beim Lesen ganz schön ins Stolpern. Warum der Genderstern diese unerfreuliche Wirkung entfaltet, ist am besten mal im Detail zu erklären. Was jetzt kommt, klingt sehr nach Deutschunterricht in der 4. Klasse. Aber es hilft nichts, wir müssen da durch.

In der deutschen Sprache werden alle Hauptwörter, auch Substantive genannt, gebeugt. Das heißt: Sie werden dekliniert. Sie erinnern sich vielleicht an diese Fachwörter: Nomen, Deklination, Akkusativ usw., die jetzt hier im Text auftauchen. Auch der vorangestellte bestimmte Artikel wird dekliniert, also: *der, die, das,* oder der unbestimmte Artikel: *ein, eine, einer.* Die gleiche Beugerei findet bei vorangestellten Pronomen statt wie *jede* und *jeder* etc. und bei den Possessivpronomen: *mein, dein, sein*. Und das alles passend zur Einzahl oder Mehrzahl des Hauptwortes, also sowohl im Singular als auch im Plural.

Können Sie noch folgen? Wer Deutsch als Fremdsprache lernen will, hat mit der Deklination mächtig zu kämpfen. Muttersprachler*innen haben damit keine Probleme. Wir machen alles automatisch richtig. Nur beim Verwenden des Gendersternchens müssen wir nachdenken.

Bei Genderdoppelpunkt und Gendergap entstehen dieselben Probleme, sie sitzen schließlich an derselben Stelle. Auch beim Binnen-I passiert im Grunde dasselbe. Aber das können wir getrost außen vor lassen. Weil es nur Männer und Frauen in einem Wort berücksichtigt, ist »das große i« in die Abstellkammer der Genderzeichen geraten.

Zurück zu Genderstern & Co.: Jedes Genderzeichen will richtig platziert sein. Gar nicht so einfach, weil es bisher keine Regeln dafür gibt. Der Rat für deutsche Rechtschreibung sagt: »Der Genderstern ist nicht regelkonform.« Ein typografisches Zeichen mitten im Wort sei der Rechtschreibung fremd. Deshalb kann er auch keine Regeln entwickeln. Die entstehen quasi organisch daraus, wie Genderfans nach Gutdünken Sternchenstaub über ihre Texte streuen. Mit den allgemeinen Regeln der Rechtschreibung als Anhaltspunkt lässt sich jedoch ganz gut entscheiden, was richtig sein könnte und was nicht. Das Gendern muss sich schließlich in die Sprachlogik des Deutschen einfügen.

Die Tücke der deutschen Grammatik liegt darin, dass sich beim Deklinieren von femininen und maskulinen Wörtern die Artikel je nach Fall verändern. Nominativ, Genitiv, Dativ ... Sie wissen schon. Richtig kompliziert wird es beim Genitiv. Da erhält meist das maskuline Hauptwort ein *-s* oder ein *-n* angehängt: *die Meinung des Reporters, die Ansicht des Experten.*

Anschaulich wird dies beim Vergleichen einer maskulinen mit einer femininen Berufsbezeichnung, einmal durchdekliniert von Nominativ bis Akkusativ:

» *der Reporter - die Reporterin*
» *des Reporters - der Reporterin*
» *dem Reporter - der Reporterin*
» *den Reporter - die Reporterin*

Spielen Sie das selbst mal durch mit dem unbestimmten Artikel *ein Reporter* und *eine Reporterin* und mit dem Pronomen *jede Reporterin* und *jeder Reporter.*

Das Gendersternchen hat üblicherweise seinen Platz zwischen dem, was das Männliche, und dem, was das Weibliche markiert. Sie haben aufgepasst? Genau: Es sitzt nicht nur im Hauptwort oder Nomen selbst, es gehört auch zwischen die vorgesetzten Artikel, die aus Gründen der Gleichstellung gleich zweifach auftauchen.

Der maskuline Artikel kommt zuerst, weil der Wortstamm mehr dem männlichen Wort ähnelt.

» *der*die Reporter*in*

Dieses Beispiel ist im Nominativ. Im ersten Fall sieht der Einsatz des Gendersterns sauber aus: Dekorativ steht er zwischen dem maskulinen Artikel *der* und dem femininen *die* und im Nomen zwischen dem männlichen Wort und der femininen Silbe *-in*. Ab dem zweiten Fall, dem Genitiv, wird es jedoch kompliziert.

» *Das war die Meinung des*der Reporters*in.*

Das grammatikalisch korrekte *-s* in *Reporters* stört doch! Kommen weitere Personen hinzu, entsteht ein wahnsinniges Kuddelmuddel:

» *Das war die Meinung des*der Reporters*in und ihrer*seines Kollegen*in und er/sie bekam sogar Applaus von seiner*m Chef*in.*

Ob das so richtig ist? Wer weiß das schon?
Dringender Ratschlag: Finger weg vom Singular!

Im Plural sind Genderstern & Co. müheloser zu verwenden. Warum das so ist, zeigt sich beim Durchdeklinieren:

» *die Reporter - die Reporterinnen*
» *der Reporter - der Reporterinnen*
» *den Reportern - den Reporterinnen*
» *die Reporter - die Reporterinnen*

Haben Sie es gemerkt: Die Artikel zum maskulinen und femininen Substantiv sind vom 1. Fall, dem Nominativ, bis zum 4. Fall, dem Akkusativ, jeweils dieselben.

Im Plural benötigen Sie deshalb nur das Sternchen zwischen dem Wortstamm und der femininen Endung und keines beim Artikel:

» *Das war die Meinung der Reporter*innen.*

Aber aufgepasst beim Dativ im Plural:

» *Sie gab den Reportern*innen Auskunft.*

So liest es sich komisch. Tipp: Verzichten Sie auf das *-n* beim Dativ für den maskulinen Wortteil. Grammatikalisch falsch? Nein, dieser erste Teil ist ein Wortstamm und muss nicht dekliniert werden:

» *Sie gab den Reporter*innen Auskunft.*

Jetzt die Probe mit dem Kuddelmuddelsatz von oben: Alle Personen in den Plural gesetzt, schon reduziert sich die Zahl der Sternchen:

» *Das war die Meinung der Reporter*innen und ihrer Kolleg*innen und sie bekamen sogar Applaus von ihren Chef*innen.*

Drei Sternchen in einem Satz sind immer noch zu viel.

Tipp: Suchen Sie ein Synonym, geschlechtsneutral versteht sich, denken Sie sich eine andere Formulierung aus und schon ist ein Sternchen weniger im Satz:

» *Das war die Meinung der Reporter*innen und ihrer Kolleg*innen und sie bekamen sogar Applaus aus der Chefetage.*

Besser so:

» *Das war die Meinung der Reporter*innen, alle im Team stimmten zu und sie bekamen sogar Applaus aus der Chefetage.*

Moment mal! Im Ausgangssatz ging es doch um die Meinung einer einzelnen Person?! Richtig. Einfach mal so aus einem Singular einen Plural zu machen, das geht nicht. Das Gendern erfordert Präzision. Die geschlechtliche Identität ist ein so starker Persönlichkeitsfaktor, dass sie richtig benannt werden muss. Handelt es sich um eine Frau oder einen Mann? Dann ist die Sache klar: Sie schreiben ein Femininum oder ein Maskulinum.

Geht es um eine transgender Person? Auch hier gilt: Trans Frauen und trans Männer sind eben genau das, Frauen und Männer, und in ihrer Beschreibung ist kein Sternchen notwendig. Sorgfalt bitte bei der Beschreibung von nicht-binären Menschen. Geht es nicht um eine konkrete Person, sind Sternchen meist richtig. Bei der direkten Ansprache können die Pronomen ein heikles Thema sein, denn so klein die Wörter *er* oder *sie* sind, so falsch können sie sein: Diese Pronomen weisen ein Geschlecht zu, doch genau diese Zuordnung wird häufig abgelehnt. Welches Pronomen stattdessen gewünscht ist, entscheidet jede nicht-binäre Person ganz individuell für sich. Klar, das ist alles recht kompliziert. Was hilft, ist zu fragen, wie es gewünscht wird. Keine Sorge, diese Frage ist immer willkommen.

Nach dieser Deutschstunde verstehen Sie sicher, warum es wichtig ist, Genderzeichen nur für Wörter im Plural zu verwenden. Bei zu vielen Sternchen im Text riskieren Sie einen holprigen Lesefluss. Der Lesespaß bleibt auf der Strecke.

Wer Ä sagt, darf auch Sternchen setzen

Wie das Gendern beim Umlaut funktioniert

Sie kennen die beliebte Witzform: Was haben ein Anwalt, ein Franzose und ein Bauer gemeinsam? Nach dem Lesen der Überschrift kommen Sie gleich darauf: Die drei haben ein Problem gemeinsam und zwar dann, wenn es darum geht, sie mit Genderstern zu markieren. Das Problem heißt Umlaut - ein Vokal mit Pünktchen drauf: *ä, ö, ü*. Der erste Schritt beim Gendern ist ja immer, die feminine Form zu testen. Und die lautet in diesem Fall: *Anwältin, Französin* und *Bäuerin*.

Kommen die Sternchen dazu, dann schreiben viele einfach:
» *Anwält*innen, Französ*innen, Bäuer*innen*

Aber ist das korrekt? Der Duden sagt ganz klar: Nein! Na ja, nicht ganz. Denn zum Genderstern äußert er sich nicht. Der Rechtschreibratgeber Duden ist schließlich an die Regeln des Rates für deutsche Rechtschreibung gebunden und der sagt: »Der Genderstern ist nicht regelkonform.« Der Rat hat 2018 und erneut 2021 verkündet, er warte die weitere Entwicklung der Sprache ab: So wie wir alle mit dem Sternchen umgehen, prägen wir seine linguistische Zukunft. Hui!

Was wir in dem Dudenratgeber »Richtig gendern« jedoch finden, ist die folgende Regel zum Gebrauch der Sparschreibung mit Schrägstrich und Bindestrich (/-):

»Wenn die feminine Form [...] mit einem Umlaut gebildet wird, [...] gibt es ja keinen gleichlautenden Wortteil, auf den man sich beziehen könnte. Solche Wortpaare können daher nicht verkürzt werden.«

Unverständlich? Machen Sie die sogenannte Weglassprobe: Ergibt das Wort ohne die feminine Endung einen Sinn? In diesem Fall: Leider nein, denn wer kennt schon einen *Anwält*, einen *Bäuer* oder einen *Französ*?

Was bedeutet das fürs Gendersternchen? Setzen wir es analog zum anerkannten Schrägstrich, wäre es zwangsläufig falsch, *Anwält*in*, *Bäuer*in* oder *Französ*in* zu schreiben.

Ein Wort aus der Reihe schafft das Rennen: *Anwalt*. Im Plural heißt es *Anwälte*. Der Genderstern ist möglich: *Anwält*innen*. Allerdings entfällt das *-e*, ein Genderproblem, das im Kapitel »Mannesehre in Gefahr« diskutiert wird.

Als Lösung für Sparschreibungen empfiehlt der Duden, das Wortpaar mit Schrägstrich zu schreiben: also *Bauern/Bäuerinnen*; *Franzosen/Französinnen*. Nur, das war es dann mit dem Wörtersparen. Da können wir beim Gendern genauso gut die flüssiger lesbare Beidnennung »Franzosen und Französinnen« verwenden. Das Gendersternchen jedoch, das für die geschlechtliche Vielfalt steht, ist bei der binären Beidnennung, ob mit Schrägstrich oder ausgeschrieben, leider nicht unterzubringen.

Jetzt müssen Sie selbst entscheiden: Halten Sie sich beim Genderstern an die strikten Dudenregeln zur Sparschreibung? Dann verzichten Sie bei Wörtern mit Umlaut auf den Genderstern vor der femininen Endung. Sie arbeiten stattdessen mit Beidnennung. Trans-, intergeschlechtliche und nicht-binäre Personen können Sie mit einem ergänzendem Halbsatz miteinbeziehen: »Bauern, Bäuerinnen und alle andere Personen, die in der Landwirtschaft tätig sind«.

Diese Lösung ist nur leider sehr umständlich - und auch nicht richtig aussagekräftig. Der Genderstern erfüllt eigentlich perfekt den Zweck, alle

Menschen einzuschließen. Außerdem ist die Sprachgemeinschaft auf der Suche nach der besten Lösung und spielt mit Genderzeichen herum. Da können wir doch einfach testen, ob die Schreibweise funktioniert. Wir sehen längst, dass *Anwält*innen* und *Bäuer*innen* in vielerlei Texten verwendet werden, genauso wie *Französ*innen*. Wenn sich diese Schreibweise allgemein durchsetzt, wird auch der Rat für deutsche Rechtschreibung irgendwann seinen Widerstand aufgeben.

Und ganz ehrlich, es verstehen doch alle, wer mit *Französ*innen* gemeint ist: Es geht um Franzosen und Französinnen und alle mit der französischen Nationalität, um Männer und Frauen und alle, die sich weder als männlich noch als weiblich verstehen. Argumentativ können wir uns darauf berufen, dass anstelle des maskulinen Wortes der Wortstamm verwendet wird, und zwar als Allomorph angepasst mit Umlaut. Na, gut, das wird jetzt sehr linguistisch.

Die ganz Pfiffigen haben längst eine verträgliche Lösung gefunden: An die Stelle des rechtschreibkonformen Schrägstrichs setzen sie das Gendersternchen: *Bauern*Bäuerinnen* oder *Franzosen*Französinnen*. Sieht hübsch aus und könnte vielleicht auch die überzeugen, die auf korrekte Grammatik pochen.

Warum auseinanderreißen, was zusammengehört?

Über die Silbentrennung bei Genderstern & Co.

Wo gehört das Sternchen bei der Silbentrennung hin? An den maskulinen Wortteil bzw. Wortstamm oder in die neue Zeile, vor die Endung *-innen*?

Über zwei Zeilen geteilt würde es so aussehen:

» *Nutzer*-* oder *Nutzer-*
innen **innen*

Wichtiger Tipp: Vermeiden Sie die Silbentrennung! Warum trennen, was Sie durch das Sternchen zusammengefügt haben: die geschlechtliche Vielfalt des Menschen, Männer, Frauen und alle anderen, trans-, intergeschlechtlich, nicht-binär und und und.

Doch was, wenn ein Wort nicht mehr in die Zeile passt oder wenn die Textspalte ohne das getrennte Wort eine unschöne Lücke hätte? Dann muss es getrennt werden, denken Sie?

Gehen Sie pragmatisch vor: Tauschen Sie Wörter im Satz davor oder dahinter aus, bei gleichem Inhalt. Machen Sie ihn dadurch länger oder kürzer, bis Sie das Wort mit dem Gendersternchen nicht mehr trennen müssen. Suchen Sie ein anderes Wort für Ihre Textspalte in einer Tabelle. Oder machen Sie die Spalte größer.

Unterstützung kommt von Johanna Usinger, die das Onlinegenderwörterbuch geschicktgendern.de erfunden hat. Auch sie rät: beim Gendersternchen lieber keine Silbentrennung. Falls es unbedingt sein muss, dann empfiehlt sie, das Wort an einer Silbe im Wortstamm zu trennen.

Bei dem Wort *Dozent*innen* würde sie es so machen:

» *Do-*
*zent*innen*

Eine weitere Möglichkeit:

» *Dozent*in-*
nen

Beides ist nur eine Notlösung. Schön ist weder die eine noch die andere Variante. Wörter so zu trennen, stört die Lesefreude.

Bei Komposita, Wortzusammensetzungen aus zwei oder mehr Wörtern, die es so häufig im Deutschen gibt, funktioniert die Silbentrennung besser.

Hier trennen Sie einfach das eine vom anderen:

» *Tanz-*
*partner*innen*

» *Film-*
*regisseur*Innen*

Genderzeichen Ihrer Wahl sind Doppelpunkt oder Unterstrich? Verzichten Sie auf Silbentrennung! Bei diesen Zeichen geht es drunter und drüber.

Wer soll das Folgende noch verstehen?

» *Nutzer_-* oder *Nutzer-* *Nutzer:-* oder *Nutzer-*
innen *_innen* *innen* *:innen*

Gendergerechte Texte sollten trotz des komplexen Inhaltes immer leicht zu lesen sein. Das sagt der Rat für deutsche Rechtschreibung. Im Interesse so vieler niedergeschriebener Gedanken ist es ein sehr guter Ratschlag.

Die Krux mit dem Arbeitgeber

Wenn Gendersterne überflüssiger Zierrat wären

Es gibt eine Reihe von Wortkonstellationen, die beim Gendern Kopfzerbrechen bereiten. Das sind Wörter, die wie eine Personenbeschreibung daherkommen. Einem Genderimpuls folgend gleiten schon die Hände über die Tastatur und wollen Gendersternchen setzen. Doch diese Wörter führen uns in die Irre, es geht gar nicht um Menschen. Dies ist nicht immer leicht zu erkennen, aber der Unterschied ist wichtig. Denn nur Menschen haben ein Geschlecht, dessen Vielfältigkeit, sei es männlich, weiblich, trans-, intergeschlechtlich oder nicht-binär, durch Gendern verdeutlicht werden soll.

Da ist zum Beispiel das Wort *Arbeitgeber*. Ist jemand bei einem großen Unternehmen angestellt, so ist diese Firma *der Arbeitgeber*. Wo ist hier der Mensch? Der Arbeitsvertrag kommt mit einer juristischen Person zustande. Und dennoch haben wir es mit Weiblichkeit zu tun, denn die *Firma* ist grammatikalisch ein feminines Wort, genauso wie *GmbH* oder *AG*. Semantisch richtig wäre es deshalb zu sagen: *Die XY-GmbH ist die Arbeitgeberin*. Dies wird häufig nicht eingehalten, stattdessen heißt es: *Die XY-GmbH ist der Arbeitgeber.* Die feministische Linguistik hat vor Jahrzehnten an dieser Stelle den Finger in die Wunde gelegt: Der semantische Fehler bezeuge die männliche Ausrichtung unserer Sprache. Einer juristischen Person, obgleich feminin, wird fälschlicherweise ein maskulines Prädikativ zugewiesen. Doch nur selten stört sich jemand daran. Besser ist es, semantisch kongruent und damit richtig zu formulieren. Zu Deutsch: Ist das Subjekt feminin, sollte auch das Wort, das sich darauf bezieht, feminin sein. Die Dudenredaktion kann bereits in ihren Textsammlungen feststellen, dass in letzter Zeit ein Umdenken eingesetzt hat und zunehmend der feminine Bezug hergestellt wird.

Anders funktioniert es, wenn ein konkreter Mensch Arbeitgeber ist. Denken Sie an eine kleine Firma, sei es eine Druckerei, eine Bäckerei oder eine Arztpraxis, bei der nur eine Chefposition existiert. Bestimmt eine Frau die Firmengeschicke, so lautet die spontane Sprechweise: *Meine Chefin ist eine tolle Arbeitgeberin.* Je mehr wir vor unserem geistigen Auge eine Person haben und ihr Geschlecht kennen, desto eher differenzieren wir, ganz automatisch. Das ist so im Deutschen. Ist diese Arbeitgeberin eine Person, die sich vorzugsweise mit einem Genderstern schmückt, weil es zu ihrer geschlechtlichen Identität gehört, dann schreiben Sie bitte so.

Nun gibt es Texte, bei denen das Wort *Arbeitgeber* sowohl juristische als auch natürliche Personen meint. Sollen die als *Arbeitgeber*innen* bezeichnet werden? Nein, besser nicht. In rein informativen Texten wird das Wort *Arbeitgeber* eher abstrakt eingesetzt.

Zum Beispiel ein Text über Sozialabgaben:

» *Arbeitgeber bezahlen 50 Prozent der Beiträge des Bruttolohns.*

Hier ist es nicht nötig, in den Begriff geschlechtliche Vielfalt einzubauen. Erst wenn es konkreter wird, wenn das Geschlecht einer Firma oder der Personen der Führungsebene sichtbar wird, sollten Sie ans Gendern denken. Mit oder ohne Sternchen.

Was machen wir mit dem Wort *Arbeitnehmer*, dem Pendant zum *Arbeitgeber*? Diese sind ohne Zweifel Menschen, wir können sie feminin setzen als *Arbeitnehmerinnen* oder auf die Vielfalt abheben: *Arbeitnehmer*innen*. Je näher ein Text an konkreten Menschen ist, desto mehr sollten wir in dieser Weise gendern. Je abstrakter der Kontext ist, desto eher ist das Wort *Arbeitnehmer* in seiner maskulinen Form richtig.

In der Sprache der Nachrichten hören wir es zum Beispiel so:

» *Arbeitgeber und Arbeitnehmer einigten sich auf einen weiteren Verhandlungstermin.*

Das Wort *Arbeitnehmer* ist hier ein Synonym für den Begriff *Arbeitnehmerseite*, die wiederum oftmals durch Gewerkschaften vertreten wird. In der Abstraktion sind Gendersterne in der Regel überflüssig.

Pizza essende Studierende

Reizthema Partizip

Eine viel genutzte Möglichkeit, gendersensibel zu formulieren, ist das Schreiben mit Partizipien. Wörter wie *Weitgereiste, Geimpfte* oder *Studierende* haben einen entscheidenden Vorteil: Sie sind geschlechtsneutral. Aber Achtung: Diese Wirkung haben sie nur im Plural. *Der Weitgereiste* ist ein Mann von Welt. *Die Geimpfte* ist eine Frau, die Vorsorge trifft. Und *die Studierende* ist immer noch Studentin.

Der deutsche Wortschatz bietet eine Vielzahl dieser Wörter, die sich genderneutral einsetzen lassen. Konkret geht es um »substantivierte Partizipien« und um »Adjektive im Plural«. Da am Gendern mit derartigen Wortkonstruktionen gelegentlich heftige Kritik entflammt, müssen wir mal kurz in die Grammatik einsteigen:

Substantivierte Formen des Partizip I:

» *Studierende, Stillende, Anwesende*

Diese Personen sind gerade dabei, etwas zu tun. Dies ist die sogenannte Verlaufsform.

Substantivierte Formen des Partizip II:

» *Geimpfte, Weitgereiste, Verwitwete, Abgeordnete*

Hier ist die Aktion bereits abgeschlossen. Ein bestimmter Zustand ist erreicht.

Substantivierte Formen des Adjektivs:

» *Vorsichtige, Ältere, Große, Jugendliche*

Ein Adjektiv, das eigentlich ein Substantiv näher beschreibt, funktioniert auch allein als Hauptwort.

Gegen das Partizip II und Adjektive als Substantiv hat niemand etwas. Nur beim Partizip I raufen sich einige die Haare. Es ist die Verlaufsform, die sie erzürnt und die sie etwas eng sehen. Die *Studierenden* sind für sie nur studierend, wenn sie gerade über den Büchern sitzen. Stimmt ja auch, dann sind sie in der Tat studierend. Nicht aber, wenn sie Pizza essen.

Betrachten wir das Wort *Auszubildende*, sind wir als Sprachgemeinschaft nicht so eng mit dem Wortsinn. Denn auch wenn Auszubildende in ihrer Freizeit Sport machen und zu einem Konzert gehen - sie sind und bleiben Auszubildende, solange, bis ihre Ausbildung zu Ende ist, und nicht nur von 9 bis 17 Uhr oder wann immer sie auf ihrer Ausbildungsstelle zu erscheinen haben.

Denken wir an *Vorstandsvorsitzende*: Beim Golfspielen reichen ihre Entscheidungen nur bis zur Frage: »Welchen Golfschläger nehme ich?« Ihren Titel tragen sie trotz ihres Freizeitvergnügens. *Reisende* gelten auch dann als reisend, wenn sie mehrere Tage an einem Ort bleiben, der nicht ihr reguläres Zuhause ist.

Die Linguistin Prof. Carolin Müller-Spitzer, die am Leibniz-Institut für Deutsche Sprache zu empirischer Genderlinguistik forscht, verweist auf das Beispiel *Erstgebärende*. Dessen Wortsinn ist nicht auf den Moment des Gebärens beschränkt. So werde schließlich auch bezeichnet, wer noch hochschwanger ist oder das Kind schon bekommen hat.

An diesen Beispielen merken wir: Die Verlaufsform ist ein ausgedehnter Begriff. Sie hat ihre Richtigkeit für den gesamten Zeitraum, in dem eine Tätigkeit oder ein Amt ausgeübt werden, die sich als Personenbeschreibung eignen - solange diese Situation anhält.

Das Problematische an Partizipien, die das generische Maskulinum ersetzen sollen, ist, dass sie häufig neue Wortbildungen sind. Das überrascht und stört möglicherweise das Sprachempfinden. Deshalb Vorsicht vor allzu viel Sprachfantasie, vielleicht bietet sich eine Alternative an, die weniger irritiert.

Allerdings setzt auch schnell Gewöhnung ein. *Teilnehmende, Mitarbeitende, Demonstrierende* sind neuere Wörter, die immer mehr in Gebrauch kommen. Als das Wort *Auszubildende* den *Lehrling* ersetzte, haben viele die Nase gerümpft. Heute ärgert sich niemand mehr über dieses Partizip. Das Wort *Studierende* ist seit etwa 2005 in Gebrauch. Trotzdem muss es immer wieder als Beispiel für sogenannten Genderunfug herhalten. Ganz Gewiefte erregen sich an »verstorbenen Studierenden« oder an »getöteten Demonstrierenden«. Wenn Ihnen solche unpassenden Wortkombinationen in den Sinn kommen, formulieren Sie lieber anders. Das müssen Sie ja auch bei anderen Textstellen, die nicht funktionieren.

Und noch etwas: *Student* und *Demonstrant* sind auch Partizipien, genauso wie *Studierende* und *Demonstrierende*. Sie kommen aus dem Lateinischen: *studens* wie *demonstrans* sind jeweils das Partizip I im Nominativ Singular und bedeuten *studierend* bzw. *zeigend, darlegend*. Eingedeutscht sind sie zu Hauptwörtern geworden. Die Partizipialkonstruktion ist darüber in Vergessenheit geraten.

Ob nun also Studenten Pizza essen oder ob es Studierende sind - Sie werden sie nur selten dabei antreffen, wie sie mit der einen Hand ihr Pizzastück halten und mit der anderen Hand in Büchern blättern. Es wäre auch ein ungesundes Essvergnügen.

Jedermann hat Probleme

Tückische Pronomen – einfache Lösungen

Wer die deutsche Sprache betrachtet, entdeckt unweigerlich, wie männlich geprägt sie ist. Steile These? Sie glauben das nicht? Okay, hier kommt ein Beleg: »Wer die deutsche Sprache betrachtet, der entdeckt unweigerlich ...« Das *wer* fragt ganz neutral nach einer unbestimmten Person. Doch im anschließenden Relativsatz geht es mit dem maskulinen Pronomen *der* weiter. Wussten Sie schon: Sie könnten auch mit *die* fortfahren. Doch das würde alle irritieren. Wir sind das *der* gewöhnt.

Es gibt allerdings Formulierungen, die klingen komplett falsch:

» *Wer menstruiert, der hat manchmal Krämpfe.*

Zum Glück können wir bei Relativsätzen, denen ein *wer* vorangeht, ganz elegant das *der* weglassen:

» *Wer menstruiert, hat manchmal Krämpfe.*

Kommen wir zu *jedermann*, einem Pronomen, das ebenfalls nach grammatischer Übereinstimmung verlangt. Und zwar, wie das Wort jeder*mann* schon sagt, nach Kongruenz mit dem Maskulinen. Trotzdem kommen Sie hoffentlich nicht auf die Idee, Folgendes zu schreiben:

» *Jedermann hat mal Probleme mit seiner Menstruation.*

Spätestens, wenn Sie den Satz aussprechen, würden Sie automatisch noch mal von vorne anfangen und sich korrigieren:

» *Jede Frau hat mal Probleme mit ihrer Menstruation.*

Was dieser kurze Test perfekt zeigt: Das Wörtchen *jedermann* sagt im Wortsinn, was es ist: jeder Mann. Aber wir setzen es vielfach allgemein ein, also generisch, für alle geltend, ohne die Personengruppe näher zu kennen. Deshalb heißt es ja auch »Indefinitpronomen«.

» *Das weiß jedermann.*

» *Das ist nicht jedermanns Sache.*

Und die feminine Variante *jedefrau*? Kennen Sie nicht? Könnte aber passen. Der Duden hat *jedefrau* in feministischen Texten entdeckt. Der Verlag sammelt bekanntermaßen einen riesigen Schatz aller möglichen Texte, um zu beobachten, wie die Deutschsprechenden und -schreibenden mit ihrer Sprache umgehen. So fand sich in den Korpora ein weiteres Beispiel, vermutlich ein Spruch aus der Werbung. Da wird ja gerne mit Wörtern gespielt:

» *Kleidung für jedermann und jedefrau.*

Das Wort *jedermann* ist seit den 1980er-Jahren auf dem absteigenden Ast und nicht mehr so gebräuchlich wie noch in den Jahrhunderten davor; eine Häufigkeitsgrafik im »Digitalen Wörterbuch der deutschen Sprache« (DWDS) führt darüber Buch. *Jedermann* fühlt sich offensichtlich so falsch an, dass es immer öfter vermieden wird. Es klingt aber auch reichlich altbacken.

Wir würden heute eher sagen:

» *Das wissen doch alle.*

» *Das ist nicht für alle was.*

Das Wörtchen *alle* ist eine Art Zauberwort, das beim geschlechtergerechten Schreiben als Alternative für das maskulin gesetzte *jeder* einspringen kann.

Weiter geht der Pronomenstreifzug: Sie denken *jemand* und *niemand* seien geschlechtsneutral? Es gibt einige, die das bezweifeln, schon allein, weil *man* in beiden Wörtern steckt. In feministischen Kreisen wurde deshalb *jemensch* und *niemensch* erfunden. Die Wortneuschöpfungen kursieren seit 2008, haben es aber bisher nicht in den Duden geschafft. Der Journalist Pierre Kurby von bedeutungonline.de hat beobachtet, dass *jemensch* und *niemensch* inzwischen oft von den gendersensiblen, jungen Leuten der »Fridays for Future«-Bewegung und im Umfeld der Partei »Bündnis 90/ Die Grünen« benutzt werden.

Auch wenn Sie bei *jemand* und *niemand* bleiben, können Sie dennoch versuchen, sich geschlechtsneutral auszudrücken.

Dafür müssten Sie sich über Sprachgewohnheiten wie diese klar werden:

» *Ist hier jemand? Ach, keiner da.*

Sagen Sie lieber: Ach, *niemand* da. Damit legen Sie kein Geschlecht fest. Denn *keiner* gibt es auch als *keine* und *keines*. Sie könnten genauso gut sagen:

» *Ach, keiner und keine da.*

Nur, wer macht sich schon die Mühe?
Die Krux an *jemand* und *niemand* ist, dass diese Wörter im anschließenden Relativsatz üblicherweise maskulin fortgesetzt werden.
Das bestätigt die These, dass das Deutsche männlich geprägt ist:

» *Ich weiß jemanden, der sich damit gut auskennt.*
Ich kenne niemand, der mir helfen kann.

Gut zu wissen: *Jemand* und *niemand* können Sie im Relativsatz feminin fortsetzen. Auf die Idee kommen Sie aber wahrscheinlich nur, wenn Sie ganz konkret eine weibliche Person vor Augen haben. Oder eine eindeutig weibliche Gruppe. Und auch dann nur, wenn Sie hellwach sind und sich beim Sprechen beobachten. Ansonsten hüpft Ihnen das gewohnte maskuline Sprachmuster über die Lippen.

» *In unserem Frauenchor weiß ich jemanden, die dir helfen kann.*

Üblicherweise wird eher auf *eine* ausgewichen:

» *In unserem Frauenchor ist eine, die dir helfen kann.*

Geschlechtergerecht könnten Sie auch sagen:

» *Ich kenne niemand, der oder die dir helfen kann.*

Bisschen umständlich?

Aber genau das ist das Problem - die maskuline Formulierung ist kurz und spart Zeit. Frauen sollen sich angesprochen fühlen und tun es auch, aus reiner Gewohnheit. Umgekehrt, bei einer femininen Formulierung, würden Männer sofort aufmerken: Ich bin nicht gemeint! Also müssten Sie beide Geschlechter im Relativsatz ansprechen.

Apropos Sprachgewohnheit. Für eine unliebsame Aufgabe in Gruppensitzungen wird oft mit dieser Formulierung geworben:

» *Frage in die Runde: Ist hier jemand, der das Protokoll schreiben kann?*

Sie könnten es auch so machen:

» *Frage in die Runde: Ist hier jemand, der oder die das Protokoll schreiben kann?*

Die einfachste Lösung ist - wie so oft, wenn wir nach geschlechtergerechten Alternativen suchen - richtig kurz und perfekt geschlechtsneutral:

» *Frage in die Runde: Wer schreibt das Protokoll?*

Das kommt Ihnen alles kleinkariert vor? Nun, die Feinheiten des Genderns erfordern, einmal kurz über Stolperfallen nachgedacht und Alternativen zur Hand zu haben.

Ein Mann, eine Frau und ein Stern

Gendern in der kleinsten Einheit

Prof. Luise F. Pusch schreibt 1984:

»Wenn Ute Schülerin ist und Uwe Schüler, dann sind Ute und Uwe Schüler, nicht Schülerinnen - denn Uwe verträgt das Femininum nicht.«

Die Linguistin hat Anfang der 1980er-Jahre vieler solcher Textpassagen aufgespürt, bei denen die deutsche Sprache ungenau ist, vom männlichen Wesen als Norm ausgeht und Frauen dies ertragen. Sind wir heute auch nur einen Schritt weiter? Leider nein.

Auch das Sternchen ist hier keine Hilfe.
» *Ute und Uwe sind Schüler*innen.*

Ob dieser Satz inhaltlich stimmt, ist die große Frage. Vielleicht sind ja auch Ute und Uwe allergisch gegen den Genderstern und sagen: »Der passt nicht zu uns!«

Bei großen, gemischten Gruppen erfüllen Genderzeichen verlässlich ihre Funktion. Wir können davon ausgehen, dass sich Menschen aller Geschlechter darunter befinden. Je kleiner die Gruppe ist, desto größer muss die Gewissheit sein, dass die Markierung mit dem Genderzeichen richtig ist. Einige Genderfans argumentieren: Wir müssen immer von der Möglichkeit ausgehen, dass jemand die eigene geschlechtliche Identität infrage stellt und sich eines Tages dazu bekennt. Es gibt bekannte Bespiele, wo Menschen lange mit sich gerungen haben und sich erst im fünften oder sechsten Lebensjahrzehnt geoutet haben, wie die US-Amerikanerin Caitlyn

Jenner aus dem Kardashian-Clan, wie Georgine Kellermann, Leiterin des WDR-Studios Essen, oder wie Johanna Schmidt-Ränsch, Richterin am Bundesgerichtshof. Auch bei Jüngeren kommt für Außenstehende das Outing immer überraschend. Elliot Page, US-Schauspieler, war 33 Jahre alt, der deutsche Balian Buschbaum, früher erfolgreich im Stabhochsprung, heute Speaker und Trainer, war 27 Jahre alt.

Weil nie sicher ist, ob sich in der beschriebenen Gruppe eine genderfluide Person befindet, sind manche recht großzügig in der Verteilung von Genderzeichen. Gendersensibler ist es, von Falschbezeichnungen abzusehen und mit der Identität einer jeden Person respektvoll umzugehen. Deshalb ist oft die direkte Frage angebracht: »Wie möchtest du, wie möchten Sie bezeichnet werden?«

Stehen die Fakten, ergeben sich in der Darstellung von zwei Personen sprachlich interessante Herausforderungen. Spielen wir das mal durch:

Zwei Frauen, die einen Buchladen zusammen führen, sind *Buchhändlerinnen*. Die zwei Männer von der Konkurrenz sind *Buchhändler*.

Ist bei dem ersten Buchladen eine der beiden trans-, intergeschlechtlich oder nicht-binär, bietet es sich an, *Buchhändler*innen* zu schreiben. Dies vorausgesetzt, dass diese Person so bezeichnet werden will. Manche trans Frauen sagen von sich: »Ich bin eine Frau - bitte keine Sternchen.« Bei der gleichen Konstellation im zweiten Buchladen müsste es folgerichtig heißen: *Buchhändler**. Von den beiden ist keine Person weiblich, also ist ein *-innen*-Anhängsel überflüssig. Will der trans Mann kein Aufheben darum machen, bleibt es beim Wort *Buchhändler*.

Ist Ihnen das alles zu kompliziert, arbeiten Sie mit den vollen Namen: »Peter Müller und Kim Schmidt führen gemeinsam den Buchladen«.

Manchmal können Sie sich mit Abkürzungen behelfen:
» *Inh.: Peter Müller und Kim Schmidt*

Wie ist es, wenn der Buchladen einer Frau und einem Mann gehört? Bei einem Ehepaar können Sie immer sagen: Der Buchladen gehört dem Ehepaar Maier. Sind die beiden nicht verheiratet oder haben ihre Nachnamen behalten, geht es auch so: »Petra Maier und Hans Krüger gehört der Buchladen. Sie sind schon lange ein Paar.« Wollen Sie einen Satz schreiben ohne die Namen, sind die beiden weder *Buchhändler* noch *Buchhändlerinnen*. Hier lebt am besten das verstoßende Binnen-I wieder auf: *BuchhändlerInnen*. Es steht nur für binäre Verhältnisse, passt hier also perfekt.

Bei Ute und Uwe, dem Beispiel von Luise F. Pusch, ist es vielleicht einfacher, sie machen eine neutrale Umschreibung.

Nach anderen Worten zu suchen, hilft in vielen Fällen:

» *Ute und Uwe gehen in dieselbe Schule.*

drei

Mit Kreativität gegen das Genderdilemma

Ein ernst zu nehmender Kritikpunkt am Gendern ist, dass es die Sprache holprig macht, Sätze unaussprechlich werden, Gedanken nicht mehr nachvollziehbar sind. Allem guten Anspruch für mehr Geschlechtergerechtigkeit zum Trotz: Das ist nicht Sinn der Sache. Der Ausweg jedoch liegt so nah. Sagen Sie es mit anderen Wörtern, lassen Sie sich etwas anderes einfallen. Wir alle, egal ob Journalistinnen, Schriftsteller oder Verwaltungsfachangestellte – wenn wir nur ganz kurz nachdenken, entdecken wir die vielen Möglichkeiten, dasselbe auf die eine oder andere Art zu sagen oder zu schreiben. So schaffen wir es, dass sich alle Geschlechter gemeint fühlen. Mit Sprache spielen hilft.

Gendern muss nicht sein

Wann das Spiel mit Sprache hilft

Gendersternchen sind eine schnelle Lösung für Faule: Nachdenken ist nicht nötig. Vielleicht mögen Sie den Genderstern nicht oder Sie dürfen ihn nicht benutzen, weil Sie zum Beispiel noch zur Schule gehen oder in einer Schule arbeiten? Sie haben sich dennoch zur Aufgabe gemacht, geschlechtergerecht zu schreiben. Es soll nur nicht nach bemühtem Gendern aussehen. Nun stehen Sie auf dem Schlauch und wissen nicht, wie.

Üben hilft. Nehmen Sie dazu diese Textpassage:

» *An der Kreuzung staut sich der Autoverkehr, Radfahrer fädeln sich durch die Lücken. Alle paar Minuten schiebt sich ein vollbesetzter Bus durch die enge Straße.*

Um welches Wort geht es hier? *Radfahrer*, richtig. *Radfahrer*innen* ist nicht gewünscht. *Radfahrende* könnte das Wort ersetzen, ist aber irgendwie öde. Beidnennung mit *Radfahrerinnen und Radfahrer* wäre in dem flotten Text viel zu behäbig. Gibt es eine bessere Idee?

Öffnen Sie die Pforte zu Ihrem Kreativzentrum, es heißt Gehirn. Machen Sie ein Gedankenspiel: Was genau passiert an dieser Straßenecke? Wer ist im Stau unterwegs und bekommt Stress? Vielleicht fällt Ihnen ein Vater ein, der sich mit seinem Lastenfahrrad und drei kleinen Kindern durch den dichten Verkehr kämpft. Oder eine Fahrradkurierin, die es eilig hat, oder eine trödelige Tourigruppe auf Fahrrädern. Wenn Sie anfangen, das in Worte zu fassen, wird die Verkehrssituation greifbar und die Hektik spürbar. Und Sie zeichnen sprachlich ein Bild, das Geschlechtsrollenstereotype widerlegt. Der Vater, die Kurierin, Sie wissen schon.

Zugegeben, das ist eine journalistische Technik, um Reportagen zu schreiben. Die bildhafte Vorstellung, das Visualisieren, kann aber allen helfen, passende Wörter und interessante Ausdrücke für einen lebendigen Text zu finden. Stellen Sie sich vor, wem Sie das erzählen wollen: Wer soll es verstehen? Das ist Schreiben für die Zielgruppe.

Das Beispiel ist Ihnen zu blumig? Kommen wir zur nächsten Übungsstufe. Sie sind eine junge Lehrkraft und müssen für Ihre Ausbildung einen Bericht über eine Unterrichtsstunde verfassen. In der Lerngruppe gibt es nur eine Schülerin, die anderen Schüler sind männlich. Früher hätten Sie den Bericht im generischen Maskulinum geschrieben.

Nun könnten Sie es so machen:

» *Am Unterricht nahmen neun Schüler und eine Schülerin teil, drei Schüler fehlten entschuldigt wegen Krankheit. Die Anwesenden arbeiteten konzentriert an den gestellten Aufgaben. Manche stellten Nachfragen. Als die Bearbeitungszeit vorbei war, hatten drei die Arbeit noch nicht beendet. Dagegen waren Maren Peters und Ali Hussein besonders schnell und gaben den Test drei Minuten vor Zeitablauf ab.*

Haben Sie die Schreibtechnik erkannt? Der Text klammert sich nicht an das Wort *Schüler*, sondern arbeitet mit dem bekannten Partizip *die Anwesenden*. Um in den nächsten Sätzen ein Subjekt für die übliche Satzstruktur Subjekt - Prädikat - Objekt zu haben, werden die Zahlwörter *manche* und *drei* eingesetzt. Der Rückbezug auf *Schüler* und *Schülerin* ist gegeben. Die vollwertige Würdigung des Mädchens erfolgt im letzten Satz, der die beiden Schnellsten mit Vor- und Nachnamen nennt.

Kleiner Schönheitsfehler an der Geschichte: Gerade unter jungen Leuten ist die Frage der geschlechtlichen Identität sehr vital. Hat sich jemand als trans oder nicht-binär geoutet, ist es begrüßenswert, wenn Lehrkräfte sie darin unterstützen, sie nach ihren Pronomen fragen und eventuell in solch einem Text mit Sternchen arbeiten. Das hängt jedoch davon ab, ob dieses Herausstellen gewünscht ist und ob das in genau dieser Schule schon möglich ist.

Übungsstufe 3, ein Text aus einem juristischen Zusammenhang:

» *Die Kanzlei vertritt alle abhängig Beschäftigten, vom Auszubildenden bis zum leitenden Angestellten, und deren gewählte Vertretungen: Betriebsräte und Personalräte.*

Hier gibt es Wörter, die geschlechtsneutral eingesetzt werden könnten. Die Partizipien *Auszubildende, Angestellte* müssten dazu in den Plural gesetzt werden. Die Wörter *Betriebsrat* und *Personalrat* haben eine doppelte Bedeutung: Einerseits bezeichnen sie die Institution, andererseits die darin organisierten Personen: *Betriebsräte und Betriebsrätinnen* oder *Betriebsrät*innen*.

Der feine Unterschied lässt sich sprachlich klarstellen:

» *Die Kanzlei vertritt alle abhängig Beschäftigten, von Auszubildenden bis zu leitenden Angestellten, und deren gewählte Vertretungen in einem Betriebsrat oder Personalrat.*

Was Sie bei diesen drei Beispielen sehen können: Oft benötigen Sie weder Genderstern noch frei erfundene Partizipien, um so zu schreiben, dass alle Geschlechter angesprochen sind. Mit einer Prise Kreativität ist das zu schaffen. Schön zu lesen sind solche Texte auch.

Mehr solcher Textbeispiele mit gendergerechten Lösungen finden Sie übrigens im »Handbuch geschlechtergerechte Sprache« von Prof. Gabriele Diewald und Dr. Anja Steinhauer aus dem Dudenverlag.

Flotte Einladung fair formuliert

Wie Sie mit schönen Worten Interesse wecken

Stellen Sie sich vor: Eine Hochschule will einen Aktionstag veranstalten.

> Sollte das Einladungsschreiben mit dieser förmlichen Anrede beginnen?
>
> » *Liebe Mitstudierende, sehr geehrte Professor*innen!*

Partizip und Genderstern sind vielleicht nicht so recht erwünscht. Dann geht es auch ohne: Verzichten Sie auf die Anrede. Das überrascht Sie vielleicht. Aber bei einem Werbetext springen Sie doch auch mitten ins Thema hinein. Mit den ersten Worten sagen Sie sofort das Wichtigste. Wetten, auch ohne die etwas steife Begrüßung fühlen sich alle angesprochen!

> Der Einladungstext könnte zum Beispiel so aussehen. Achten Sie darauf, an wen sich die Einladung richtet:
>
> » *Der große Techniktag steht an. Unser Symposium für Studium und Lehre, mit Vorträgen und Workshops für alle, die sich im Ingenieurwesen weiterbilden wollen. Seien Sie dabei! Alle Geschlechter willkommen. Auch wer schon im Beruf ist, kann Anregungen und Ideen für den weiteren Karriereweg erhalten. Der Techniktag ist ideal zum Netzwerken für Studierende und Profis.*

Sie merken, das ist geschlechtsneutral getextet. Es enthält eine abwechslungsreiche Beschreibung dessen, was es zu erleben gibt. Auf die Nennung von Personen verzichtet der Text weitgehend bzw. nutzt geschlechtsneutrale Wörter wie *Studierende und Profis*. Außerdem enthält er eine direkte Aufforderung: »Seien Sie dabei!« Damit erzeugen Sie den

Effekt - ja, dich meine ich! Das würden Sie mit der Anrede »Sehr geehrte ...« oder »Liebe ...« zwar auch erreichen. Aber diese Wörter führen doch dazu, dass Sie sich fragen müssen: Ist es notwendig, zu gendern? Muss ich Gendersternchen platzieren? Um fair zu formulieren und alle mitzunehmen, egal welchen Geschlechts, können Sie genauso gut mit geschlechtsneutralen Begriffen und Umschreibungen arbeiten.

Kurzer Hinweis zum Wort *Profis*. Das Wort ist maskulin, nun ja, warum eigentlich? *Profi* ist die umgangssprachliche Abkürzung für Professionelle. Ups, das wiederum ist umgangssprachlich ein Synonym für Prostituierte, weibliche wie männliche. *Profi* eignet sich trotzdem als geschlechtsneutrales Wort für Menschen, die ihren gewählten Beruf ausüben. Und zwar im Plural, denn dann verspielt sich die geschlechtliche Zuschreibung: »Profis, die ...« Sie finden *Profis* zu informell? Nehmen Sie: *Leute, die bereits im Beruf stehen* oder *Fachleute*. In der Kombination mit *Fach-* verliert sich die Flapsigkeit von *Leute*.

Nun ist es aber noch wichtig, dass bei Veranstaltungen zu technischen Berufen Frauen ausdrücklich angesprochen werden. Im MINT-Bereich sind sie häufig in der Minderzahl. Der Textvorschlag erwähnt Frauen nicht, er umgeht jede Form von geschlechtlicher Zuordnung. Sorgen Sie deshalb dafür, dass auf den Podien Fachfrauen diskutieren oder dass sie Workshops leiten. Jede Einzelne ist ein Vorbild für Jüngere, die sich dadurch ermutigt fühlen, ebenfalls ihrer Neigung zu Naturwissenschaft und Technik zu folgen. Wenn weibliche Namen schon im Programmüberblick der Einladung stehen, ist deutlich, dass Sie diesen Gleichstellungsaspekt beachtet haben.

Im Weiteren ist die Formulierung »Alle Geschlechter willkommen« in den Beispieltext eingebaut. Das in Stellenangeboten übliche *(m/w/d)* wäre für eine charmante Einladung zu nüchtern. Ein Wort wie *divers* ist vielen auch nicht vertraut. Eleganter und höflicher ist der Willkommenshinweis mit seiner unmissverständlichen Botschaft für alle Geschlechter.

Synonyme empfohlen

Wider die Sprachverhunzung

Der vielleicht wichtigste Tipp fürs Gendern ist: Sagen Sie es anders! Dummerweise müssen Sie sich nun für einen Moment richtig anstrengen, aber dann schießen Gedankenblitze in Ihr Sprachzentrum. Wer lässt sich nicht gern erleuchten?

Vielleicht erinnern Sie sich an den Deutschunterricht in der Schule. Da lautete eine Aufgabe: »Sage es mit eigenen Worten.« Ein fantastische Übung, um die sprachliche Fantasie anzuregen. Wir alle können ein Erlebnis oder einen Sachverhalt so oder so erzählen. Wiederholen wir es, nutzen wir ein etwas anderes Vokabular - übrigens angepasst an die Zuhörenden.

Nehmen wir ein x-beliebiges politisches Ereignis. Jüngeren Kindern würden wir mit relativ einfachen Wörtern erklären, was der Vorgang bedeutet. Mit der Nachbarin würden wir politisierend im Hausflur stehen und in der Prüfung im Fach Politik oder Gemeinschaftskunde eine dritte Ebene des Sprechens über dasselbe Geschehen wählen. Denken Sie sich weitere Situationen zu Ihrem Leben passend aus und Sie bemerken Ihre eigene sprachliche Vielfalt. In der Regel denken wir nicht weiter darüber nach.

Diese Flexibilität im Ausdruck können wir aktivieren, wenn es um geschlechtergerechtes Schreiben geht. Wenn uns ein Wort in den Sinn kommt, das wir gendern wollen, aber das gegenderte Ergebnis uns nicht passt, müssen wir uns auf die Suche nach einer Alternative machen. Wie kriegen wir das hin?

Am besten spielen wir das anhand eines konkreten Beispiels durch. In einem großen Unternehmen will eine Direktorin zu einer *Betriebsleitersitzung* einladen. Zu ihrem Team gehören Männer wie Frauen, überdies hat sich eine Betriebsleiterin ihr gegenüber kürzlich als nicht-binär geoutet.

Auch eine trans Person hat im Team der Direktorin Führungsaufgaben. Also überlegt sie: Soll ich *Betriebsleiter*innensitzung* schreiben? Das Wort behagt ihr nicht und auch die übrige Chefetage sieht Gendersternchen in der innerbetrieblichen Kommunikation nicht gerne. Also was tun?

Soll sie beim Wort *Betriebsleitersitzung* bleiben? Der Begriff ist im Unternehmen eingeführt, alle verstehen ihn und auch die Frauen würden nicht fernbleiben: »Sie haben ja nur die Betriebsleiter eingeladen, also die Männer.« Wer setzt schon wegen eines unpassenden Wortes die Karriere aufs Spiel?

An dieser Stelle ein kurzer Ausflug zum Thema: Eingeführte Begriffe müssen nicht so bleiben. Beim Sender rbb gab es eines Tages Unmut wegen des Ausdrucks *Redakteursausschuss*, ein Gremium, bei dem sich die Leitungen verschiedener Redaktionen regelmäßig treffen. Da kommen längst nicht mehr nur Redakteure, also Männer, zusammen. Es wurde nach Alternativen gesucht und basisdemokratisch für einen neuen - geschlechtsneutralen - Begriff abgestimmt: *Redaktionsausschuss*. Geht doch.

Aber an diesem Punkt ist das Unternehmen in unserem Beispiel noch nicht. Wie also kriegt die Direktorin eine freundliche Einladung für die *Betriebsleiterinnen und -leiter* hin? Da haben wir es ja schon: die Beidnennung!

Sie könnte schreiben:
» *Ich lade Sie zur Sitzung der Betriebsleiter und -leiterinnen ein.*
oder:
» *... zur Sitzung der Betriebsleiterinnen und -leiter.*

Wen soll sie zuerst nennen? Die Männer oder die Frauen? Wer fühlt sich als Anhängsel, er oder sie? Achtung: Hier lauern Fettnäpfchen! Die Formulierung ist auch noch lang und irgendwie sperrig. Nicht zu vergessen: Die Beidnennung meint nur Männer und Frauen. Wo bleibt die Einladung für die nicht-binäre Person, die sich weder als Mann noch als Frau sieht? Es muss also etwas anderes her.

Wie wäre es mit einem Partizip? Das ist geschlechtsneutral. Das Deutsche ermöglicht uns, jederzeit neue Wörter zu bilden, hier bietet sich an: die *Betriebsleitenden*. Autsch. Da regt sich Widerstand, nicht nur aus der Fraktion Genderunfug. Wenn Partizipien allzu unvertraut klingen, sollten Sie davon Abstand nehmen. Insbesondere, wenn noch weitere Möglichkeiten zur Verfügung stehen.

Ein Ratschlag aus Sprachleitfäden ist: Wählen Sie eine Abstraktion. Die *Betriebsleitung* wäre ein abstrakter Begriff. Auch er ist geschlechtsneutral und lässt sich sogar im Plural verwenden:

» *Ich lade Sie zur Sitzung der Betriebsleitungen ein.*

Das ist schon okay so. Allerdings klingt zweimal *-ung* in einem Satz wenig elegant, aber das nur als Anmerkung zum Stil am Rande. Sie könnte die *Sitzung* durch *Treffen* ersetzen, Problem gelöst. Aber es geht bestimmt noch besser?! Jetzt ist der Punkt gekommen, wo die Direktorin kreativ werden sollte. Welches andere Wort für *Betriebsleiter* oder *Betriebsleitersitzung* fällt ihr ein?

Die Fantasie lässt sie im Stich. Sie könnte in Managementratgebern blättern: Wie sagen denn andere dazu? Sie könnte auch im Internet herumschauen, von Open Thesaurus bis Woxikon und nicht zuletzt Duden bieten sich etliche Verzeichnisse für Synonyme an. Auch ein Blick in das Genderwörterbuch geschicktgendern.de hilft oft weiter. Diese private Initiative ist seit 2015 auf das Sammeln von gegenderten Begriffen spezialisiert. Andere bieten inzwischen ähnliche Dienste an.

Unsere Direktorin hat nach kurzer Suche eine ganze Reihe von Wörtern auf ihrem Zettel stehen:

» *Führungskräftesitzung*

» *Führungskräfteversammlung*

» *Treffen der Betriebsleitungen*
» *Managementmeeting*

Wow, alle sind geschlechtsneutral. Nun kann sie überlegen, was passt zu meinem Stil, was passt zum Unternehmen, etwa auch ein Anglizismus wie *Managementmeeting?* Durch die Suche nach Synonymen hat sie so viele Varianten gefunden, dass sie ihre Einladung von herzlich bis nüchtern frei gestalten kann.

» *Ich lade alle Betriebsleiterinnen und -leiter zur Führungskräftesitzung ein.*

oder:

» *An die Betriebsleitungen: Ich lade Sie zur Führungskräftesitzung ein.*

oder:

» *Managementmeeting für die Führung aller Betriebe.*

Und das ist garantiert noch nicht der Weisheit letzter Schluss. Bestimmt fällt Ihnen Weiteres ein. So vielfältig ist unsere Sprache!

Widerstand gegen das Bürger*innenhaus

Lassen Sie sich etwas einfallen

Anfang 2021 zählte das *Zeit*-Magazin 26 Stadtverwaltungen, die ihren Mitarbeitenden die Verwendung von Genderzeichen nahelegen. Nach Hannover und Lübeck sind mit Bonn und Bremen weitere Städte hinzugekommen und es werden immer mehr. Jedoch sind Genderstern & Co. nicht gerade beliebt und so empfiehlt es sich, sie sparsam einzusetzen: Nur dann, wenn es keine Alternativen gibt. Doch dafür gilt es, ein wenig nachzudenken.

Wie finden sich passende Ideen, Wörter, die begeistern, oder eine Formulierung, die auf den Punkt das Treffende sagt? An diesem Beispiel lässt sich das durchspielen:

In einer nicht näher bekannten Gemeinde gibt es die Initiative, das Rathaus für seine Bürger zu öffnen. Es soll »Bürgerhaus« heißen. Aber was ist mit den Bürger*innen? Bei der Suche nach einer besseren Bezeichnung hilft es, die geplante Funktion des Hauses genauer anzuschauen: Anders als beim traditionellen Rathaus, in dem lediglich die Stadtverwaltung ihren Sitz hat, soll das Gebäude nun auch zur Nutzung durch die Bewohnerinnen und Bewohner der Stadt da sein. Ein Familienzentrum und Vereine können dort unterkommen und ein größer Raum oder Saal steht für kulturelle Veranstaltungen zur Verfügung. Vielleicht wird es auch eine Bibliothek oder eine Kita unter dieser Adresse geben. Das Rathaus wird also ein Ort der Begegnung sein.

Passt der Begriff *Bürgerhaus?* Nein! *Bürger* ist ein maskuliner Begriff. Frauen sind es zwar in jahrzehntelanger Übung gewöhnt, sich auch mit maskulinen Bezeichnungen angesprochen zu fühlen, insbesondere, wenn es nicht um sie ganz persönlich geht. Kinder dagegen sind in ihrem frisch erworbenen Sprachvermögen wesentlich genauer und fragen schon mal: »Was ist mit den Bürgerinnen? Dürfen die da auch hinkommen? Und wir Kinder auch?«

Zu bedenken ist ebenfalls, dass *Bürger* zunächst einmal nur *die Staatsangehörigen* meint. Was ist mit den Menschen, die keine Deutschen sind oder als Geflüchtete recht wenig Rechte haben? Die aber dort auch Feste feiern sollen. Ein offener Begriff, der freundlich und weniger förmlich ist, wäre nicht nur schöner, er würde den Geist eines solchen Hauses auch besser wiedergeben.

Ideensammlungen funktionieren am besten in kleiner Runde, wo eine Assoziation die nächste jagt und am Ende eine lange Liste guter wie schlechter Ideen auf dem Zettel stehen. Einer der Begriffe wird es dann werden.

- *Stadthaus*
- *Gemeindehaus*
- *Gemeinschaftshaus*
- *Gemeinschaftshaus Stadt xy*
- *Haus der Stadt xy*
- *Dorfgemeinschaftshaus*
- *Gemeindezentrum*
- *Familienzentrum*
- *Kulturzentrum*
- *Kulturhaus*
- *Haus der Begegnung mit Stadtverwaltung*
- *Rathaus der Begegnung*

Noch eine Idee wäre es, das Haus nach einem berühmten »Kind« der Stadt zu benennen: »xy-Haus«. Dabei ist jedoch die Gefahr groß, dass sich ein Männername durchsetzt. Die Leistungen von Frauen finden zu wenig

Anerkennung, Frauen sind deshalb oft weniger bekannt. Machen Sie sich auf die Suche. Es gibt hinreißende Geschichten zu entdecken! Vielleicht finden Sie aber auch eine berühmte Familie mit tatkräftigen Frauen und Männern, die sich um ihre Stadt verdient gemacht haben. Ganz wunderbar, wenn auch sie bereits viel für das soziale Leben der Gemeinde geleistet haben. Diese Nennung könnte Signalwirkung haben.

Last, but not least:
» *Haus der Bürger*innen*

Sehr modern! Denn der Genderstern steht für die Vielfalt der Geschlechter, also für Frauen, Männer und trans-, intergeschlechtliche und nicht-binäre Menschen. Dies durchzusetzen, erfordert jedoch Diskussionsfreude und Überzeugungskraft - und ein Bekenntnis zum anfangs geschmähten Wort *Bürger*.

Noch immer nicht das Richtige dabei? Wie wäre es, einen Kreativwettbewerb auszurufen? Mit Glück kommt ein noch viel schönerer, individuellerer Name zustande. Außerdem: Wer gefragt wird, fühlt sich gleich mit angesprochen und beteiligt sich mit Begeisterung daran, das neue Haus mit Leben zu füllen.

Singlebörse für die Liebe

Wie beim gemischten Doppel die Sterne aufgehen

Werbeagenturen lassen sich für die Erfindung treffender Begriffe teuer bezahlen. Mit dem Gendern eröffnet sich ein neuer Markt für sie, denn einiges muss umgetextet werden. Bevor Sie so einen Auftrag vergeben, sollten Sie vielleicht erst einmal selbst nachdenken. Beispielhaft erklärt an der Aufgabe: Was könnte ein perfekt gegenderter Titel für eine Partnervermittlungsplattform sein?

Früher war alles viel einfacher. Da hieß so ein Service *Heiratsvermittlung* oder *Eheanbahnungsinstitut*. Ziemlich altbacken, aber es zeigt die Richtung auf: Das Wort beschreibt das Ziel und nicht die Menschen, die danach streben: Heirat und Eheanbahnung. Auch der Anglizismus *Datingportal* bedient sich der gleichen Formuliermethode. Nur ist *Dating* ein schwer übersetzbares Wort. Es bedeutet, eine Verabredung zu haben mit jemand, der oder die vielleicht, eventuell für eine Liebesbeziehung infrage käme.

Denn das ist, was Menschen suchen: eine Liebesbeziehung, Heirat nicht ausgeschlossen, nur eben eines nach dem anderen. Das hieße dann: *Plattform zur Vermittlung von Liebesbeziehungen*. Aber wer will schon versprechen, dass es beim Matching wirklich zur großen Liebe kommt? Nüchterner ist deshalb der Titel: *Partnerschaftsvermittlungsplattform*. Das klingt leider unromantisch, auch wenn es exakt sagt, worum es geht. Als Unterzeile oder für den Eintrag ins Handelsregister ist es geeignet. Oben drüber könnten Sie einen Emotionen auslösenden Begriff setzen, der zu Ihrer Marke wird. So machen es ja auch die Big Player am Markt. Die Marken kennen wir alle. Mit Spaß am Formulieren kommen auch Sie auf eine einzigartige Lösung. Oder die teuer bezahlte Werbeagentur.

Die nächste Frage, die bei einem Wort wie *Partnerschaft* aufkommt: Müsste nicht der Wortteil *Partner* mit Gendersternchen versehen werden? Also *Partner*innenschaft*? Nun ja, bei zusammengesetzten Wörtern gehen die Meinungen auseinander.

Die einen sagen: Lasst uns das Wort mit dem kurzen, maskulinen Wortstamm als Oberbegriff sehen. Durch das Anhängen des Wortteils *-schaft* entsteht eine allgemeingültige Wirkung. Ähnlich wäre es bei der Kombination *Partnerbörse*. Das Wort bleibt, wie es ist.

Die anderen sagen: Je mehr es um reale Personen geht, desto mehr sollte das Wort selbst die Vielfalt der Geschlechter deutlich machen. Dann wären wir beim Wort *Partner*innenbörse*. Das ist schon irgendwie sperrig.

Vielfalt - ein gutes Stichwort, wenn es um die Liebe geht. Es sollen sich ja nicht nur *Partner* finden, sondern *Partnerinnen und Partner* oder auch *Partner*innen*, Letztere im Sinne der vielfältigen Geschlechtsidentitäten. Nur die Liebe zählt!

An dieser Stelle müssten Sie sich entscheiden, wer Ihre Kundschaft sein sollte. Wen wollen Sie zusammenbringen? Da es sich um eine persönliche wie sensible Thematik handelt - wer trifft durch die Vermittlung wen? -, empfiehlt es sich, mit einer eingehenden Beschreibung für Klartext zu sorgen. Das Gendersternchen bei Vermittlung von Partner*innenschaften würde ein eindeutiges Zeichen setzen, das dann auch erfüllt werden müsste.

Eine Alternative zu *Partner* wäre das Wort *Single*. Das Wort kommt aus dem Englischen und ist eigentlich geschlechtsneutral. Es heißt *der Single*, passt aber dennoch auf Frauen; *die Single* ist eine Schallplatte, aber das wissen Sie ja. Der Anglizismus ist ein kleines Manko, aber das Wort ist längst eingedeutscht und wir verstehen alle, was damit gemeint ist. Nicht umsonst ist es bei der Vermittlung von Herzensangelegenheiten beliebt: *Singlebörse für die Liebe*.

Fröhliche Einzelgänger

Warum Gendersternchen gern allein bleiben

Als die Genderdebatte heraufzog, zeigte sich der Genderstern am Horizont leuchtend wie der Abendstern. Ein Hoffnungsträger für die Lösung aller Genderprobleme. Nix da! Schon bald setzte eine Sternenexplosion ein. Ganze Milchstraßen ergossen sich über vielerlei Texte. Ob Substantiv, Artikel oder Adjektiv, alles, was irgendwie männlich erschien, wurde mit einem Genderstern dekoriert, die Nomen erhielten korrekterweise noch die Endung *-in* oder *-innen*. Solcherart umgearbeitete Texte funkelten nur so vor Sternchen. Jede Supernova bringt den Kosmos zum Leuchten, heißt es in der Astronomie. Die Explosion der Gendersterne dagegen hatte unschöne Konsequenzen. Was so geschrieben war, wurde nicht nur unleserlich, es bekam auch den Stempel »Genderunfug« aufgedrückt. Anstelle eines Quells der Freude mutierte der Genderstern zum Alarmzeichen schlechthin. »Ich hol dir die Sterne vom Himmel«, sagten dann schon die ersten, die sich mit der deutschen Sprache besser auskennen: »Weniger ist mehr.«

Ende der Märchenstunde. Aber es ist etwas Wahres dran. Gendersterne sind vorzugsweise Einzelgänger. Warum sie gern allein bleiben, kommt so:

Wann immer Sie einen Genderstern wahrnehmen - er zwingt Sie kurz zum Innehalten, denn er braucht Zeit zum Funken seiner Botschaft: Hallo, ich stehe hier für Männer und Frauen und überhaupt alle Geschlechter. Schön und gut, aber wenn seine kleinen Brüder auch noch vom beigeordneten Artikel und Adjektiv aus - bling, bling - die gleiche Botschaft senden und sich viele weitere Haupt- und Nebensternchen um die Sternenfamilie herum gruppieren, wird es schwierig. Vor lauter Sternengewusel verschwimmt der Inhalt des Textes. Schade drum.

Respektieren Sie den Wunsch nach Alleinstellung! Der Genderstern ist weder Eremit noch Sonderling. Er ist allenfalls ein Nonkonformist. Und ein wahrer Star. Er möchte hervorstechen. Gönnen Sie ihm den Ruhm. Ganz allein ist am besten, ohne etwas drum herum.

Denn selbst wenn Sie nur einen einzigen Stern im Singular in Ihren Text einbauen, braucht er zu seiner Stütze mindestens die mit Sternchen dekorierten Artikel.

» *der*die Autor*in*

Innerhalb von Texten präsentieren Sie den Genderstern vorzugsweise im Plural. Klarer Vorteil: Der Artikel ist bei maskulinen wie femininen Wörtern in der Mehrzahl derselbe. Deshalb können Sie sich beim Plural das Sternchen am Artikel sparen:

» *die Autor*innen*

Faustregel: ein Sternchen pro Absatz. Na gut, zwei gehen auch. Das steht zwar nirgendwo geschrieben, leitet sich aber ab vom Rat für deutsche Rechtschreibung: Der empfiehlt, auf Verständlichkeit und einen angenehmen Lesefluss zu achten. Ein Tipp von höchster Distanz ist doch was Feines! Weitere Aussagen des Rats zum geschlechtergerechten Sprachgebrauch finden Sie im Kapitel »Verbieten verboten«.

Was an dieser Stelle unbedingt noch erwähnt sein muss: Wenn Sie weniger Sternchen benutzen, tun Sie Gutes. Sie erhöhen nämlich die Lesbarkeit Ihres Textes für Blinde und Sehbehinderte. Wer trotz fehlender Sehkraft Texte im Internet lesen möchte, kann sie sich vorlesen lassen. Die meisten Screenreader lesen aber auch typografische Zeichen vor. Das klingt dann bei der Formulierung *der*die Autor*in* so: »der Stern die Autor Stern in«. Gruselig, oder? Blinde kennen das schon und sagen: So etwas, ein-, zweimal, ist ganz okay. Aber jetzt stellen Sie sich mal sternchengespickte Texte vor. Wer wäre da nicht genervt?

Der Deutsche Blinden- und Sehbehindertenverband macht darauf aufmerksam, dass der Doppelpunkt keine barriereärmere Alternative ist. Der wird zwar nicht vorgelesen, aber die Pause ist so lang, dass es klingt, als wäre das Wort zu Ende, nur hopst dann noch ein *-innen* hinterher. Wer selbst liest, aber nur schlecht sehen kann, hat Schwierigkeiten, den Doppelpunkt mitten im Wort zu erkennen. Das Votum der Blinden und Sehbehinderten: Gendersternchen ja! Aber bitte nur wenige.

Lassen wir also dem Genderstern seine herausragende Stellung als Einzelkämpfer. Es wird ihm schon nicht einsam werden mit all den vielen Varianten drum herum, wie Sie weitere Personen aller Geschlechter in Ihren Text einpflegen können.

Ausnahmsweise mit …

Das Maskulinum als Stilmittel

Eine der störendsten Begleiterscheinungen des geschlechtergerechten Schreibens ist das schnöde Wiederholen von Wortformen. Dreimal eine Beidnennung hintereinander und der Text wird schwerfällig. Drei Sternchen in einem Satz und das Gestolpere geht los.

Um Abwechslung in einen Text zu bringen, ist es möglich, auf das generische Maskulinum zurückzugreifen. Ja, Sie lesen richtig. Wörter, die nach Aussehen und Wortklang rein männlich erscheinen, müssen Sie nicht komplett aus Ihren Texten verbannen. Sie sollten jedoch ergründen: Funktioniert das Wort allgemeingültig, sind also wirklich alle Geschlechter damit gemeint?

Eine gute Methode ist, beim Schreiben einen inneren Film mitlaufen zu lassen: Wen sehen Sie, wenn Sie den Satz so oder so schreiben? Je konkreter Sie Menschen vor Augen haben, die Sie mit Ihrem Text beschreiben wollen, desto eher kommen Sie von ganz allein dazu, auch deren Geschlecht zu benennen. Ob nun mit Beidnennung oder mit Sternchen, das entscheiden Sie.

Je abstrakter Ihre Gedanken sind, und wenn Sie eine Personenbeschreibung beispielsweise wie einen Gattungsbegriff einsetzen, desto eher funktioniert das generische Maskulinum.

» *Die Lehrerinnen und Lehrer diskutierten in ihrer Gesamtlehrerkonferenz wichtige Arbeitszeitfragen: Würden die verringerten Stundensätze der Teilzeitkräfte genügen, um sie auch als Klassenlehrer einzusetzen?*

In einem längeren Text haben Sie die Möglichkeit, eine Klammer zu bauen: Am Anfang und am Ende nehmen Sie die Beidnennung, dazwischen schreiben Sie vielfach mit dem Maskulinum.

Eine weitere Möglichkeit ist, mit abwechselnden Bezeichnungen zu arbeiten:

» *Die Lehrerinnen und Erzieher machten darauf aufmerksam, dass das Lehrerzimmer bald einen neuen Namen bräuchte. Hier würden nicht nur die Lehrer ihre Pausen und Freistunden verbringen, sondern auch die Erzieherinnen.*

Vorteil dieser Methode ist, dass sie zum Nachdenken anregt. Nachteil ist, dass sie verwirrend wirken kann. Wenn Sie so texten, achten Sie unbedingt darauf, Genderstereotypen zu vermeiden:

lieber

» *Ärztinnen und Pfleger*

schreiben statt

» *Ärzte und Krankenschwestern.*

Um einen Text abwechslungsreich zu gestalten, sparen Sie ansonsten bei den Personen. Suchen Sie lieber nach geschlechtsneutralen Alternativen. Zum Sprechen mit dem generischen Maskulinum:

Es kann gut sein, dass im weiteren Verlauf der Gesamtlehrerkonferenz aus unserem obigen Beispiel solche Sätze fallen:

» *Peter Meier sagte: »Als Klassenlehrer und -lehrerinnen müssen wir unseren pädagogischen Auftrag ernst nehmen.«*

Hat Peter Meier bereits vorher ein wenig über seine Wortwahl nachgedacht, dann ist es für ihn selbstverständlich, über seine Kolleginnen und

Kollegen mit der Beidnennung zu sprechen. Dies ist eigentlich ein Gebot der Höflichkeit. Es ist aber auch ein Bruch mit der Sprachkonvention, einfach im Maskulinum zu sprechen.

Einige der Beteiligten werden weiter einfach nur von *Lehrern* sprechen. Sie sind es so gewöhnt oder haben einfach keine Lust aufs Gendern. Sollen sie doch so reden. Druck machen hilft nicht, es löst nur Verärgerung aus. Selbst für Peter Meier als Genderbewussten kann es mühsam oder auch lästig sein, immer die Beidnennung zu nutzen. Dann nimmt er eben auch mal das Maskulinum. Allzu viel Genderstrenge bringt doch nichts. Wörter mit Sternchen sprechen sich dagegen leichter, wenn dies zum eigenen Ausdruck gehört und zur täglichen Sprechpraxis. Sie sind schlicht kürzer und passen damit zum natürlichen Wunsch der Sprachökonomie, dem schnellen, effektiven Ausdruck.

Angenommen, es ist nun an Ihnen, den Bericht über die Konferenz zu schreiben. Sparen Sie mit Personenbezeichnungen, suchen Sie geschlechtsneutrale Alternativen - und nutzen Sie ruhig mal da, wo es eher um die Gattung als um die konkret Anwesenden geht, das Maskulinum *Lehrer*. Dass an dieser Schule Lehrkräfte aller Geschlechter tätig sind, haben Sie schon vorher klargemacht. Der Rahmen ist durch die Beidnennung bzw. umfassender, alle Geschlechter meinend, durch den Genderstern gesetzt.

Vielleicht kritisiert später jemand Ihren Bericht: »Da sind Genderfehler drin.« Stehen Sie selbstbewusst zu Ihrer Methode. Wenn sich der Text flüssig liest und die Beteiligten in ihrer geschlechtlichen Vielfalt sprachlich repräsentiert sind, haben Sie alles richtig gemacht.

Knackige Überschriften

Wie das Gendern in der Kurzform gelingt

Als die Idee aufkam, dass auch Zeitungen und Zeitschriften geschlechtergerecht texten sollten, drehten sich in Redaktionskonferenzen hitzige Diskussionen vor allem um ein schwerwiegendes Argument: »Die Überschriften werden zu lang.« Stimmt ja auch, wenn die Beidnennung das Mittel der Wahl für mehr Gendergerechtigkeit ist.

»Ministerpräsidenten und Ministerpräsidentinnen« sprengen jede Überschriftenzeile in großer, plakativer Schrift. Da aber das Maskulinum inhaltlich falsch wäre, müssen alle genannt werden. Im Coronajahr 2021 konnten wir die komplette Aufzählung jeden Tag in den Nachrichten hören: Malu Dreyer für Rheinland-Pfalz und Manuela Schwesig für Mecklenburg-Vorpommern mussten genauso wie Markus Söder für Bayern oder Michael Müller für Berlin über die vielen, vielen Maßnahmen beraten. Nie wurde es uns so klar wie in dieser Zeit - Länderchefs sind eben auch Länderchefinnen. Bis zur nächsten Wahl, dann sehen wir, wer auf den Posten kommt.

Die ersten, die sich fürs Gendern - in der allumfassenden Form für alle Geschlechter - entschieden, waren *Bento* und *ze:tt*. Die Onlineformate von *Spiegel* und *Zeit* für die junge Zielgruppe scheuten sich nicht vor zu langen Überschriften und nutzten den vielen Platz im Internet. Andere fanden das weniger nachahmenswert, denn auch das Webdesign kennt die Spaltenbreite genau wie das Zeitungsdesign im Papierformat. Es musste eine andere Lösung her.

Dem Beispiel von *Bento* und *ze:tt* folgen? Welche Medien wollten sich schon am Gendersternchen die Finger verbrennen, als es 2017 und 2018 am Horizont der schwelenden Genderdebatte auftauchte. Der Rat für deutsche Rechtschreibung riet und rät davon ab, schließlich sind Genderzeichen nicht konform mit den allgemeinen Regeln der Orthografie.

So praktizieren viele im Printjournalismus weiterhin Zurückhaltung bei Genderstern & Co. Neben der experimentierfreudigen *taz* als frühe Vorreiterin des Binnen-I und späterer völliger Freigabe aller Zeichen hat sich nur die *Frankfurter Rundschau* zum Genderdoppelpunkt durchgerungen. Ach ja, in der *Brigitte* gibt es auch das eine oder andere Sternchen.

Bei Überschriften empfiehlt sich eine andere Strategie. Lassen Sie die Personen weg! Wenn kein Mensch im Satz erscheint, muss auch nicht gegendert werden. So einfach ist das. Und schon kann es mit der kreativen Suche nach knackigen Überschriften losgehen:

Wie können wir Neugier wecken und in den Text hineinziehen?

» *Mehr Geld für Rentner*

besser:

» *Die Rente steigt*

» *In einer Demokratie hat der Bürger das Recht auf freie Meinungsäußerung*

besser:

» *In einer Demokratie dürfen alle ihre Meinung sagen*

» *Ärzte verschreiben zu viele Schmerzmittel*

besser:

» *Autsch: Schmerzmittel, zu oft, zu viel*

Sie denken, das schaffen nur journalistische Profis? Nicht doch! Erstens können Sie das auch und zweitens brauchen Sie diese Technik auch. Wenn Sie zum Beispiel an Ihrer Website basteln, eine Einladung schreiben oder eine Rede. Probieren Sie es aus, wenn Sie über ein Wort stolpern, dem Sie ein Sternchen verpassen wollen: Gibt es eine andere, treffende, launige Formulierung? Na also.

vier

»Mehr Stolz, ihr Frauen!«

Was ein wenig altmodisch klingt, hat dennoch empowernde Kraft, bis heute. Hedwig Dohm, Journalistin und Schriftstellerin, trat schon im alten Preußen wortgewaltig für die Rechte der Frau ein. Von ihr stammt dieses Zitat. Die Aufforderung gilt allen Frauen: Straffe den Rücken, hebe den Kopf und zeige, wer du bist. Wertschätzung für das eigene, das weibliche Geschlecht zu demonstrieren, ist ein starkes Stück. Noch immer müssen sich Frauen jeden Tag beweisen und besser sein als jeder Mann. Der Journalistinnenbund hat Hedwig Dohm (1831-1919) zu seiner Ahnfrau bestimmt und vergibt in ihrem Namen frauenpolitisch engagierten Journalistinnen einen Preis für ihr Lebenswerk. Der Spruch »Mehr Stolz, ihr Frauen!« steht auch für Geschlechtergerechtigkeit beim Schreiben.

Doch lieber mit Tarnkappe?

Wenn Frauen keine Lust auf Gendern haben

»Gendern diskriminiert mich!« Wer das sagt? Frauen! Wie kann das sein, wo doch das ganze Bemühen um geschlechtergerechte Sprache die sprachliche Diskriminierung von Frauen beenden soll? Es sind nicht viele, die sich beschweren. Aber wir sollten sie ernst nehmen und uns anschauen, was dahintersteckt - und ob sich die Bedenken auflösen lassen.

Da sind zum Beispiel die, die es stört, dass Frauen nun so oft genannt werden. Das sind möglicherweise Frauen, die schon von ihren Müttern gehört haben: »Stell dich nicht so in den Mittelpunkt.« Das Zurückdrängen von Frauen in die zweite Reihe hat System. Es nennt sich Patriarchat. Die Vorherrschaft der Männer funktionierte lange Zeit sehr gut, weil Frauen das miserable Spiel mitgemacht und gekuscht haben. Wir sind heute gesellschaftlich weiter, Frauen haben etwas zu sagen und es sind viele, die dies tagtäglich erkämpfen. Nicht nur für sich, sondern für alle Mädchen und Frauen. An ihrer Seite Männer, die verstanden haben, was Feminismus ist: Der Einsatz für bessere Lebensbedingungen von Frauen und Männern. Und für alle Menschen, egal wer sie sind, ob weiß oder Schwarz, im Rollstuhl oder nicht-binär oder ob sie ein Kopftuch tragen. Weil es uns im gleichberechtigten Miteinander besser geht.

»Frauen werden so oft genannt.« Da ist was dran. Sie kommen nun öfter vor, in Beid-, Doppel- oder Paarnennungen, als Ärzte und Ärztinnen, als Bäuerinnen und Bauern, als Ingenieure und Ingenieurinnen, als Ministerpräsidentinnen und Ministerpräsidenten. Zur journalistischen Sorgfaltspflicht gehört es, die Beteiligten eines Vorkommnisses zu benennen. Das wird seit relativ kurzer Zeit umfänglich so gemacht. Und weil es so neu ist, fällt es auf. Wenn die Beidnennungen oft verwendet werden, nerven sie allerdings. Also gilt es, sie wohl zu dosieren. Der wichtigste Ratschlag schlechthin: Reduzieren Sie die Zahl der Personen in Ihrem Text. Viele sind überflüssig. Sagen Sie, was Sie sagen wollen, einfach anders!

Dann gibt es noch die Sprechlücke, den Glottisschlag - diese für viele ungewohnte Art, über Menschen zu reden: *Ärzt*innen, Ingenieur*innen*. Manche hören dann *Ärztinnen, Ingenieurinnen*. Sie nehmen die Minipause vor dem Anhängsel *-innen* nicht wahr und denken, es wird nur über Frauen geredet. Wer sagt es ihnen? Es ist die Kurzform mit Genderzeichen, durch die in einem Wort alle gemeint sein sollen, alle Geschlechter. Diese Ausdrucksweise muss vielleicht doch öfter mal erklärt werden, bis sich alle daran gewöhnt haben. Außerdem muss geübt werden: Wer mit Lücke sprechen will, sollte das Wort nicht überbetonen, vor allem nicht die hintere Hälfte, das *-innen*. Es muss selbstverständlich klingen und nicht so, als ob es nur um Frauen ginge.

Lesen Sie mal laut vor:

» *Spiegelei, Theater, Bundesinnenminister, real, Beate, beirren, beieinander, Kreation …*

Haben Sie es gemerkt? Diese Wörter haben alle eine Minilücke, entweder zwischen zwei Vokalen oder Sie müssen einen kurzen Stopp einlegen, damit der richtige Wortsinn entsteht. Na also: Sie können auch so reden, mit dieser neuen Kunstpause fürs Sternchen!

Die Nächsten sagen: »Frauen müssen nicht extra genannt werden. Ich weiß doch, dass viele Ärzte Frauen sind.« Das ist eine recht individuelle Entgegnung und sie hat regionale Bedeutung. Achten Sie mal darauf: Das Argument wird immer in Sätzen mit »ich« gesagt. Der Grund dafür liegt an der sozialen Komponente von Wörtern. Bei jedem einzelnen Wort, das wir hören, lesen oder benutzen, schwingen persönliche Erfahrungen wie auch stereotype Vorstellungen mit. Wer in der DDR aufgewachsen ist, denkt bei Wörtern wie Baggerfahrer oder Ingenieur sowohl an Männer als auch an Frauen. Wer westdeutsch sozialisiert ist, sieht nur Männer vorm geistigen Auge. In der DDR war es üblich, dass Frauen auch die sogenannten Männerberufe ausübten – was sie nach der Wende schleunigst wieder sein ließen oder aus dem Berufsfeld gedrängt wurden. Üblich war es auch, alle Berufe maskulin zu bezeichnen: »Ich bin Lehrer«, das sagen viele Ältere noch immer im Osten und dies färbt auch auf die Jüngeren ab.

Besonders krass ist es beim Wort *Ärzte*. Egal ob Ost oder West, alle, wirklich alle in Deutschland werden von Ärztinnen und Ärzten behandelt: Die Quote liegt inzwischen bei 50:50. Trotzdem hält sich hartnäckig das Bild der »Halbgötter in Weiß«. Immer und immer wieder berichten Ärztinnen, dass sie, wenn sie ans Krankenbett treten, gefragt werden: »Wann kommt denn jetzt der Arzt?«

Es gibt dann noch Frauen, die schauen nach Großbritannien und erinnern sich an Margret Thatcher. Die eiserne Lady war *Prime Minister* und nicht etwa *Ministress*. Oder in die USA: Kamala Harris ist *»Vice President* of the United States of America«, zu Deutsch: *Vizepräsidentin*. Well, well, wir können doch nichts für unsere deutsche Sprache, die mit einem Fingerschnipser jeder femininen Personenbeschreibung ein *-in* anhängt. Malu Dreyer ist *Ministerpräsidentin* von Rheinland-Pfalz und Angela Merkel war 16 Jahre lang *Bundeskanzlerin*. Die emeritierte Linguistin Prof. Heide Wegener merkt in der *F.A.Z.* an: »Briten und Amerikaner wundern sich, warum wir für die mächtigste Frau der Welt eine so herablassende Bezeichnung wie die ›Kanzlerin‹ gebrauchen.« Aus der englischen Sprachtradition heraus mag die Betonung des Weiblichen »herablassend« erscheinen. Bei uns ist es respektvoll.

Heide Wegener meint aber auch: Nicht das Merkmal *weiblich* sei negativ. Sondern jede Abgrenzung stelle eine Ausgrenzung dar. Feministische Linguistik sei mithin diskriminierend. Sie schlägt sich auf die Seite von Nele Pollatschek, die ebenfalls von der englischen Lösung fasziniert im *Tagesspiegel* geschrieben hat: »Wer will, dass Männer und Frauen gleich behandelt werden, der muss sie gleich behandeln, und das heißt, sie gleich zu benennen.« Nele Pollatschek, eine Frau in ihren Dreißigern, nennt sich deshalb »Schriftsteller«.

Doch der Zug ist längst abgefahren. Fast hätte sich die maskuline Berufsbezeichnung in Deutschland als allgemeingültig durchgesetzt. 1976 hatte das Bundesministerium für Bildung und Wissenschaft festgelegt, dass die maskuline Form in Ausbildungsordnungen als neutral verwendet werden soll. 1980 war damit Schluss. Denn der Europäische Rat hatte ebenfalls 1976 in der Richtlinie 76/207 EWG die Gleichbehandlung von Frauen und Männern auf der beruflichen Ebene eingefordert. Das westdeutsche Recht musste angepasst werden: So wurde das Bürgerliche Gesetzbuch um § 611 b ergänzt, wonach Arbeitsplätze nicht mehr ausschließlich für Männer oder allein für Frauen ausgeschrieben werden dürfen. Es folgte die Anpassung der ministeriell bestimmten Ausbildungsordnungen: In die Liste der anerkannten Ausbildungsberufe wurden feminine Formen aufgenommen. Übrigens kein Akt der Willkür, sondern mit dem Respekt für die Sprachtradition des Deutschen, das schon seit Jahrhunderten die Movierung, das Anhängen des *-in,* kennt. Sprachhistoriker*innen berichten: In mittelalterlichen Schriftstücken stehen häufig maskuline und feminine Bezeichnungen aufgereiht nebeneinander, um deutlich zu machen, wer gemeint ist.

Mit der Wiedervereinigung kamen die femininen Berufsbezeichnungen in die östlichen Bundesländer, jedenfalls von Rechts wegen. Dass die Menschen noch lange berufstätige Frauen maskulin bezeichnet haben und manche es weiter so handhaben, liegt an den Sprach- und Sprechgewohnheiten. Genauso üblich ist es aber auch für die meisten von uns, den Beruf einer konkreten Frau feminin zu beschreiben, ob *Verkäuferin* oder *Ärztin*, ob *Ingenieurin* oder *Schriftstellerin*.

Mit der Entscheidung im politisch-rechtlichen Raum suchte in den 1980er-Jahren die Linguistik nach Erklärungen für die Weiterexistenz des Maskulinums: Wie lässt sich seine vorgeblich allgemeingültige Wirkung erklären? Auffällig ist die Asymmetrie, die Ungleichheit im Sprachsystem.

Die maskuline Bezeichnung hat den Vorteil, kurz und knapp zu sein, die feminine den Nachteil, dass sie durch ein Anhängsel markiert und so auch länger wird. Linguisten wie Prof. Hartwig Kalverkämper und Prof. Peter Eisenberg erklärten das Maskuline damals zur Norm. Mit der Behauptung, das generische Maskulinum sei ohne Sexus, wurde es als geschlechtsneutral hochgelobt. Die feministische Linguistik, mit Prof. Senta Trömel-Plötz und Prof. Luise F. Pusch und vielen nach ihnen, bemerkte jedoch die damit verbundene tendenziöse Bewertung: Das Männliche galt als das Positive, das Weibliche als die Abweichung und das Negative, Mangelbehaftete. Frauen extra zu erwähnen, galt als mühevoll und überflüssig, da sie ja mitgemeint waren. Mittlerweile gibt es aus der Linguistik dazu viele kluge Erkenntnisse, auch im historischen Ablauf der Debatte. Für die Details lohnt es sich, dies nachzulesen.

Festzuhalten bleibt: Die Sprache hinkt der gesellschaftlichen Entwicklung hinterher. Längst haben sich Frauen im Beruf Erfolge und Anerkennung verdient. An einer femininen Berufsbezeichnung klebt nichts Negatives. Frauen sind mitten im Geschehen und es ist großartig, dass wir das in Sprache fassen können. Es gibt keinen Grund, sich vom generischen Maskulinum die Tarnkappe überstreifen zu lassen. Warum die Erwähnung von Frauen diskriminierend sein soll, ist nicht nachvollziehbar. Wie sagte doch schon die 1831 geborene Journalistin Hedwig Dohm: »Mehr Stolz, ihr Frauen!«

Das Mädchen, ein Neutrum?

Gebt den Girls die Weiblichkeit zurück

Frauen sind weiblich, Mädchen auch. Aber es heißt: *das* Mädchen. Es ist eine bedauerliche Besonderheit, dass im Deutschen das Mädchen sächlich bezeichnet wird. Im Französischen dagegen heißt sie *la fille* oder im Italienischen *una ragazza*. Dieses Ding mit dem Neutrum setzt sich bei *das Girl* fort. Beim Eindeutschen des Wortes wurde ihr das sächliche Genus verpasst. Das Gleiche geschah bei *das Model* oder *das Mannequin* und sogar beim *Pin-up*. Warum eigentlich?

Im deutschen Sprachraum wird ein Mädchen erst dann sprachlich feminin, wenn sie aufgrund ihres Alters zur Frau wird. Reichlich schräg das Ganze, sind doch die Teilnehmerinnen bei »Germany's Next Topmodel« alle mindestens 16 Jahre alt und äußerlich bereits junge Frauen. Aber selbst Heidi Klum nennt sie »meine Meedchen«.

Erinnern wir uns an *das Fräulein*. Auch dieses ist sächlich und erst durch die Vermählung, wenn *die Braut* zum Altar schreitet, wird »es« zur grammatisch femininen Frau. »Nur die verehelichte Frau und Mutter erhält das ›richtige‹, passende Genus, während das Mädchen und das noch verfügbare ledige Fräulein im Neutrum verharren«, erklärt die Linguistin Prof. Damaris Nübling diese Besonderheit. In diesem Sinne »verfügbar« sind auch *das Model, das Mannequin* und erst recht *das Pin-up-Girl*.

Nübling schreibt: Die Soziologie erkenne bei der Frau drei Geschlechtszustände: Mädchen - Fräulein - (Ehe-)Frau/Mutter. Beim Mann hingegen bilden Ehe und Vaterschaft kein eigenes Stadium. Für ihn gäbe es nur zwei Geschlechtszustände: Junge - Mann. Interessant, wie Sprache die Geschlechterordnung widerspiegelt, die sich nicht so leicht über den Haufen werfen lässt.

Immerhin wurde dem *Fräulein* ein Ende gesetzt, von ganz oben! In der Bundesrepublik Deutschland wurde das Wort vor 50 Jahren mit einem Runderlass abgeschafft. Der damalige Bundesinnenminister Hans-Dietrich Genscher beschied, dass Männer und Frauen in der Anrede nicht unterschiedlich behandelt werden sollten. Im behördlichen Sprachgebrauch sei für jede weibliche Erwachsene die Anrede »Frau« zu verwenden. Heute kaum mehr vorstellbar, dass »von oben herab« solch ein Eingriff in die Sprache vorgenommen wird. Die 1970er-Jahre waren eben anders und in diesem Fall war es sehr gut so.

Unverheiratete weibliche Personen waren nunmehr *Frauen*. 80-jährige *Fräuleins* gab es nicht mehr, auch wenn die eine oder andere zunächst noch gegen den Titelverlust protestierte. Manch ein Fräulein war nämlich stolz darauf, ohne Mann durchs Leben gekommen zu sein. Die meisten anderen empfanden *das Fräulein* als diskriminierend und waren froh, als es zuerst aus dem Amtsdeutsch und dann aus dem alltäglichen Sprachgebrauch verschwand. Nur wenn Mädchen im Teenageralter als »Frau« tituliert werden sollten, reagierten viele noch irritiert. Das gab sich mit der Zeit.

Geblieben ist *das Mädchen* mit dem sächlichen Geschlecht. Glücklicherweise hat sich eine neue Sprachgewohnheit etabliert:

Wenn wir über ein Mädchen schreiben, kann der darauffolgende Satz mit einem femininen Pronomen fortgesetzt werden. Und der Satz kann sogar feminin eingeleitet werden, denn der Inhalt bezieht sich klar auf eine weibliche Person, egal wie alt sie ist:

» *Sie ist das Mädchen, das heute Geburtstag hat. Sie wird 4 Jahre alt.*

Insofern wird die vorgebliche Sächlichkeit des Mädchens bereits automatisch korrigiert. Das Leibniz-Institut für Deutsche Sprache bestätigt diese Beobachtung zum alltäglichen Umgang mit der Sprache in »Grammis«, seinem grammatischen Informationssystem, mit dem folgenden Beispielsatz und weiteren Erläuterungen zur Regelverletzung:

» *Das Mädchen ist erst zwei Jahre alt, aber sie kann schon ihren Namen schreiben.*

Echt ärgerlich ist der Umstand, dass der Ausdruck »Du Mädchen« eine Beleidigung sein kann. Im juristischen Kontext heißt es dazu: Der Begriff kann verwendet werden, um »jemanden in seiner« Ehre herabzusetzen, und das kann mit einer Geldstrafe von 200 Euro geahndet werden. Also Mädchen sind da nicht beleidigt.

Trottelin, Idiotin, Blödfrau

Vom Recht auf weibliche Schimpfwörter

Der Duden kennt *die Idiotin*. Wo er das nur herhat? Wenn, dann poltern die meisten Frauen doch los: »Ich bin so ein Idiot.« Das passiert in Momenten der Verzweiflung über eigenes Missgeschick. Also nicht, um sich höflich vorzustellen: »Guten Tag, mein Name ist Monika. Ich bin ein Idiot!«

Die Dudenredaktion nimmt nur Wörter in das Nachschlagewerk auf, die irgendwo schon mal aufgeschrieben wurden, und bitte schön: mehrfach. Das erfolgt mithilfe der Korpora, einer stetig wachsende Sammlung von Texten, womit sie das Sprachverhalten der Deutschen systematisch beobachtet. Wenn sich also mithilfe von Suchmaschinen im Internet Zeitungsartikel finden lassen, die Kanzlerin Merkel, die südkoreanische Ministerpräsidentin Park Geun Hye und die Klimaaktivistin Greta Thunberg als *Idiotin* beleidigen, dann gibt es die auch in den Korpora. Aber halt. Der britische Autojournalist und Moderator Jeremy Clarkson beschimpfte Thunberg als »She's an idiot«. Die deutschen Zeitungen setzen bei der Übersetzung ganz brav die Movierung: *Idiotin*. Auf diesem Wege also wanderte *die Idiotin* in den Duden.

Warum ist *die Idiotin* dennoch eine Ausnahmeerscheinung? Das liegt an tief sitzenden Sprachgewohnheiten. Wenn wir uns ärgern und deshalb emotional werden, denken wir weniger nach, sondern nutzen die Wörter, die uns gerade in den Sinn kommen. Wer aufgewühlt zuerst noch nach der femininen Variante des *Idioten* in den Gehirnwindungen gräbt, hat die Empörung doch schon halb vergessen. Eine Frau, die im Alltag viel Genderbewusstsein hat, wird sich nach ihrem Ausbruch vermutlich flugs korrigieren - und kann dann schon wieder über sich selbst als *Idiotin* lachen.

Beim Beschimpfen und Beleidigen nehmen wir es mit dem Geschlecht oft nicht so genau: Wir sagen zwar über eine Frau: »Die blöde Kuh.« Aber ein Mann kriegt schon mal das Etikett »die Drecksau« verpasst. Dabei ist uns meist nicht bewusst, dass das Geschlecht auch in diesem Sprachgeschehen eine immense Rolle spielt. Wird nämlich die Geschlechtsidentität verletzt, so setzt das dem puren Wortsinn eins drauf: Einen Mann mit einem femininen Wort zu bezeichnen, kränkt enorm. Erweist sich ein Mann beispielsweise als zu wenig draufgängerisch, wird er als *die* Memme oder *die* Lusche bezeichnet. Frauen, die ihre zugewiesene Geschlechterrolle als Hausfrau und Mutter nicht erfüllen, werden als Neutrum beleidigt: *das* Flittchen oder *das* Mauerblümchen, aber auch *das* Karriereweib.

Damit nicht genug. Der Linguist Prof. Anatol Stefanowitsch fragt in seinem Buch »Eine Frage der Moral«: Welche abwertenden Ausdrücke kennen Sie? Seine lange Vorschlagsliste mündet in der Erkenntnis, dass es für Männer nur sehr wenig Beleidigendes gibt. Für Minderheiten und marginalisierte Gruppen - dazu zählt die Mehrheit der Bevölkerung: die Frauen - sind hingegen eine Unmenge abwertender Begriffe im Umlauf. »Unsere Sprache ist schon in der Struktur ihres Wortschatzes nicht auf Gleichbehandlung ausgelegt«, schreibt Stefanowitsch. Die Abwertung von Frauen laufe über abfällige Bemerkungen zu ihrer Sexualität, ihrer Intelligenz, ihrem Selbstbewusstsein, ihren Elternqualitäten. Für Männer gibt es derartig beleidigende Wörter nicht. Jedenfalls nicht für den heterosexuellen, weißen Mann.

Geschlechtergerechtigkeit beim Beleidigen, geht das? Wörter, die unter die Gürtellinie zielen, gehören auf den Index. Da kommt auch krass Abwertendes und Verletzendes gleich mit drauf. Harmloser sind empörte Anmerkungen zu doofem Verhalten: *Trottel, Idiot, Blödmann*. Für Frauen bietet sich an, *Trottelin, Idiotin, Blödfrau* zu sagen. Sie hätten es gern mit Sternchen? Was hält Sie davon ab? *Trottel*innen, Idiot*innen*, das geht alles! Nur *blöde Leute* anstelle *Blödmänner* klingt viel zu gemäßigt.

Gendersensibilität beim Beschimpfen eröffnet ganz neue Dimensionen des Genderns. Damit das gendergerecht klappt, sollten Sie in einem stillen Moment eine Liste Ihrer Lieblingsschimpfwörter erstellen und schauen, ob Sie sprachlich für Ausgleich sorgen könnten. Und dann immer schön üben: vor sich hin schimpfen wie der *hinterletzte Bruddler*, wie ein *keifendes Waschweib* oder eine *zickige Tucke*.

Das wird Ihnen zu kompliziert? Dann nehmen Sie geschlechtsneutrale Wörter in Ihr Repertoire auf: *Dumpfbacke, Vollpfosten, Hohlkopf, Klappspaten* und so weiter. Aber bitte keine Tiernamen! *Esel* und *Kamel* sind ausgesprochen sympathische Lebewesen. Auch der *Hornochse* hat die Verwendung als Beleidigung nicht verdient. Und *Schmierfinken* als Synonym für die Journaille ist zum Glück aus der Mode. Halten Sie Ausschau nach Synonymen für *Idiot:* Sie werden sich wundern, was es alles Schönes gibt.

Schirmherrin oder Schirmfrau?

Ein Ausflug in längst vergangene Herrschaftszeiten

Die Herrin. Wenn wir darüber nachdenken, ist das eine merkwürdige Wortkonstruktion. Aber das tun wir selten. Wir nehmen es hin, dass die Herrin perfekt zu herrschaftlichen Verhältnissen passt. Gemeint ist die Besitzerin eines Anwesens, eine, die das Sagen hat als Gebieterin, aber auch als Domina. Ein bisschen Sex darf sein.

Nun also die *Schirmherrin*. Sie ist nicht allein. Es finden sich noch andere Herrinnen: *Ahnherrin, Bauherrin, Domherrin, Feldherrin, Hausherrin, Landesherrin, Ratsherrin* und einige mehr.

Was wir bei dieser Wortkonstruktion mit *Herr* sehr schön erkennen: Die deutsche Sprache spiegelt Gesellschaftsordnungen vergangener Zeiten wider - Zeiten, in denen ausschließlich Männer das Sagen hatten und Frauen in der Hierarchie nachgeordnet waren. Das klingt jetzt überraschend, ging es doch gerade noch darum, dass die *Herrin* eine machtvolle Person ist. Aber ihre Macht ist abgeleitet vom maskulinen Wort *Herr*. Da wird einfach die schnöde Silbe *-in* drangehängt. Der Herr ist immer noch der Tonangebende. Die *Dame* als Äquivalent hat nicht den machtvollen Klang, sie ist lediglich eine elegante Erscheinung, zurückhaltend, damenhaft. Ergänzen Sie selbst, was Ihnen für Eigenschaften für die Dame einfallen. Macht geht anders. Und eine *Schirmdame* gibt es gleich gar nicht.

Das Problem ist einfach, dass es zwischen den Geschlechtern an Symmetrie fehlt. In der Kombination mit dem Nachnamen oder Familiennamen ist *Frau* die feminine Entsprechung zum Wort *Herr*. Wir sprechen von *Frau Meier* und *Herrn Müller*. Legen wir eine Schippe Höflichkeit drauf, wechseln wir zu *Dame* und *Herr* wie bei der Ansprache »Sehr geehrte Damen und Herren«. Die edle Dame verliert sich schnell wieder und wird zur gewöhnlichen Frau, sobald es persönlich wird: »Das ist Dame Meier«

würden wir nie sagen. Das Äquivalent zu *Frau* ist *Mann*. Aber das Wort wird nie zu einer Anrede benutzt. Allenfalls als ein Ausruf: »Oh Mann!«

Und noch ein Blick in die Etymologie. Zwar scheint die Frau der Herrin und der Dame im Rang untergeordnet zu sein. Doch da gibt es noch das Wort *Weib*. Im Mittelalter bezeichnet *Weib* gewöhnliche Frauen niederen Ranges. Die Anrede *Frau* galt als Ausdruck gesellschaftlicher Höherstellung. Doch Sprache verändert sich. Aus *Weibern* wurden *Frauen*, heute haftet dem *Weib* etwas Negatives an.

Ende des 16. Jahrhunderts erschien die *Dame* im deutschsprachigen Raum. Sie ist eine Übertragung aus dem Französischen. *La dame* wiederum leitet sich vom lateinischen *domina* ab - was mit *Herrin* übersetzt wird, wörtlich als Herrin des Hauses = *domus* und parallel gebaut zum Hausherrn = *dominus*.

Nachdem wir nun also geklärt haben, dass es 4:2 steht - *Weib, Frau, Dame, Herrin* gegenüber *Mann* und *Herr* -, steht die Frage im Raum: Was ist das Pendant zum *Schirmherrn*?

Schirmweib entfällt aufgrund des niederen Rangs, die *Schirmdame* hat bedauerlicherweise nicht das Sagen. Bleiben die *Schirmherrin* mit ihrer abgeleiteten Macht und die kraftvolle *Schirmfrau*. Der Duden verzeichnet beide Wörter. Der Dudenverlag hat sage und schreibe 5,8 Milliarden Wortformen aus Texten der letzten 25 Jahre digital gesammelt, darin taucht die *Schirmherrin* öfter auf.

Damit nähern wir uns der Lösung: Der Historiker Dr. Dr. Gunter Stemmler hat 2016 im Auftrag des Maecenata Instituts eine Untersuchung zur weiblichen Schirmherrschaft veröffentlicht. Wissenschaftlich sei das Phänomen wenig erforscht, sagt Stemmler. In groben Zügen stellt er fest, dass die Schirmherrschaft als solche zunächst als Doppelpatronage von Königin und König oder Königin und Prinzgemahl entstanden ist, ausgehend von London zum Ende des 18. Jahrhunderts. Von Anfang an war die Schirmherrschaft eine ideelle und imagefördernde Unterstützung durch eine machtvolle Person und weniger eine finanzielle.

In Zeiten fehlender Bürger- und Wahlrechte für Frauen konnten sich weibliche Angehörige des Hochadels als *Schirmherrinnen* politisch betätigen, etwa im 19. Jahrhundert als Förderinnen sozialer Wohltätigkeitsvereine zur Linderung der Not verarmter Bevölkerungsteile und hier insbesondere der Frauen. Im 20. Jahrhundert waren es oftmals Politikerinnen, die Schirmherrschaften übernahmen.

Für die Frage der richtigen Bezeichnung hat Gunter Stemmler eine interessante Quelle aus dem Jahr 1849 gefunden: Ihre Majestät die Königin wird beim »Protektorat der Central-Stiftung und der Frauen- und Jungfrauen-Vereine« des Landes Preußen sowohl als »königliche Schirmfrau« und an anderer Stelle als »königliche Schutz- und Schirmherrin« beschrieben. Von Anfang an gab es also beide Wörter. Nur warum hat sich die *Herrin* durchgesetzt?

Der Historiker Stemmler wechselt in seiner Darstellung der neueren Zeit vom Wort *Schirmherrschaft* zu »Schirmfrauschaft«. Ein netter Versuch. Aber es überzeugt nicht. Dem Wort fehlt die Macht der *Herrschaft*, das ist bitter angesichts von Hedwig Dohms Appell: »Mehr Stolz, ihr Frauen!«

Die *Frauschaft* ist nämlich weniger das Pendant zur *Herrschaft* als vielmehr zur *Mannschaft*. Der Duden definiert *Frauschaft* als ein »aus weiblichen Mitgliedern bestehendes Team«. Das Wort hat jedoch Schwierigkeiten, sich durchzusetzen, etwa in der Sportberichterstattung zum Frauenfußball.

Nach all diesen Überlegungen halten wir fest: Sprachkonservativ ist das Wort *Schirmherrin* passend. Wer feministisch die Bedeutung der Frau betonen will, kann *Schirmfrau* sagen. Beides ist richtig.

Wenn das Wort *Schirmherrin* wegen seiner Angestaubtheit nicht passen will, muss etwas anderes her: »unter der Obhut von …«, besser noch: »mit freundlicher Unterstützung von …« oder mit einem modern wirkenden Anglizismus: »supportet von …«. Alle drei Variationen sind geschlechtsneutral. Außerdem umgehen Sie damit ganz elegant die Qual der Wahl: *Schirmherrin* oder *Schirmfrau?*

Vorsicht vor zu viel Neutralität

Wenn beim Gendern die Frauen verschwinden

Geschlechtsneutral zu texten, ist eine ausgesprochen wirksame Art des Genderns: Wenn in einem Text keine maskulinen Wörter auftauchen, müssen keine Gendersternchen verteilt werden und niemand regt sich übers Gendern auf. So einfach ist das.

Dazu lohnt es sich, zunächst einmal grammatisch maskuline Wörter näher zu betrachten. Nehmen wir *Tisch, Hund, Mensch.*

Gegenstände werden nicht gegendert. Ihr grammatisches Geschlecht steht fest, ihre Identität ist einfach keine Frage. Beim *Tisch* ist es schnurzpiepegal, dass es *der* Tisch heißt. Maskuline Wörter stehen ja nicht wegen ihres grammatischen Geschlechts auf dem Prüfstand, sondern nur dann, wenn sie Frauen und andere Geschlechter verdecken. Auch beim Tier ist Gendern überflüssig. *Der Hund* bleibt maskulin, solange das Wort als Gattungsbegriff eingesetzt wird. Ist sein biologisches Geschlecht inhaltlich wichtig, wird das Wort eben angepasst: »Meine Hündin hat Junge bekommen.« Einige wenige Tiere sind genderfluide, sie wechseln ihr Geschlecht, wie es ihre Lebenssituation erfordert. Wenn Sie diese Tiere kennen, könnten Sie ein Gendersternchen setzen. Aber es ist im Grunde egal. Kein Seepferdchen und keine Schnecke werden sich jemals über mangelnde Gendersensibilität beklagen.

Nur der Mensch macht sich viele, viele Gedanken um sein Geschlecht und möchte, bitte schön, als geschlechtliches Wesen begriffen werden. Nur nicht beim Wort *Mensch*. Dieses Wort ist, obwohl grammatisch maskulin, geschlechtsneutral. Bitte niemals ein Sternchen dadran zaubern! Vollständigkeitshalber muss erwähnt werden, dass der Duden das Wort *Menschin* verzeichnet. Diese im Grunde falsche Form soll, wenn überhaupt, nur scherzhaft gebraucht werden. Lassen Sie die

Finger von derartigen Sprachwitzen! Das Wort könnte sich doch glatt in unsere Sprache einschleichen.

Mensch gehört zu einer kleinen, feinen Wortgruppe, die hilft, geschlechtsneutral zu schreiben. Auch *die Person*, obgleich grammatisch feminin, zählt dazu. Wir hätten noch *die Leute* im Angebot, das ist die Perfektion in Geschlechtsneutralität schlechthin. Denn es gibt *Leute* nur im Plural. Und im Plural kommen in einer großen, gemischten Gruppe, deren Zusammensetzung niemand überprüfen kann, sowieso alle Geschlechter vor.

Um einen längeren, informativen wie unterhaltsamen Text schreiben zu können, sind diese drei Wörter eine gute Grundlage. Leider ist das Wort *Leute* sehr umgangssprachlich und passt allein nur selten. Mehr Anerkennung erfährt es in Wörtern wie *Fachleute, Geschäftsleute, Feuerwehrleute* und *Kaufleute*. Hilfreich sind auch Abstraktionen, also Wörter auf *-schaft* oder *-ung*: *Kundschaft* oder *Abteilungsleitung*.

Zum geschlechtsneutralen Repertoire gehören schließlich noch die Partizipien. Die üblichen und die unüblichen. Vorsicht beim Gebrauch! Was an Personenbeschreibungen mithilfe von Partizipialkonstruktionen neu entsteht, wirkt gelegentlich wie der sogenannte »Genderunfug«. Am schlimmsten sind Beispiele, die eigens herbeigeschrieben werden, um die Absurdität klarzumachen. Wer beim Schreiben das Hirn einschaltet, macht diese Fehler nicht.

Nachdem auf diese Weise lauter geschlechtslose Wesen den Text bevölkern, müssen wir uns fragen: Wollen wir das überhaupt, solche blutleeren Texte, nach mehreren Jahren gesellschaftlicher Diskussion über Fragen der Identität und des Respekts für Diversität und Vielfalt? Ganz ehrlich: Das ist nicht Sinn der Sache.

Erinnert sei an die zentrale Kritik am generischen Maskulinum: Maskuline Personen- und Berufsbeschreibungen machen Frauen unsichtbar. Nun müssen wir erkennen: Geschlechtsneutrale Personen- und Berufsbezeichnungen machen ebenfalls Frauen unsichtbar. Dafür hat sich die feministische Linguistik nicht dreißig, vierzig Jahre die Finger krumm geschrieben.

Also nochmal von vorne - wie kriegen wir die Frauen wieder in die Texte? In dem wir sie proaktiv benennen, ihre Person porträtieren, ihre Leistungen benennen, ihre Expertise nutzen. Frei von klischeehafter Darstellung und gleichwertig mit den Männern, die auch bitte an geeigneter Stelle im Text vorkommen. Wenn wir schon dabei sind, können wir auch darüber nachdenken, wie wir Menschen in unsere Texte einbauen, die nicht in das binäre System von Mann und Frau passen. Sichtbarkeit ist alles.

Professorin, Doktorin und Magistra

So viel akademische Würde muss sein

Mädchen haben die besseren Schulabschlüsse, mehr Mädchen als Jungen machen Abitur. Dann aber beginnt die Leistungskurve zu bröckeln. Immerhin sind noch 45 % derjenigen, die promovieren, Frauen. Sie können sich nach langen Jahren des Studiums und nach dem Erstellen ihrer Promotion plus Verteidigung vor einer honorigen Professorenschaft mit dem akademischen Titel schmücken: Dr.

In früheren Zeiten war dies einfacher: Da wurde mit *Frau Doktor* oder *Frau Professor* auch die Ehefrau eines Doktors oder Professors angesprochen. Nein danke! Heute hat Frau Doktor ihre akademischen Weihen aus eigenen intellektuellen und vor allem akademischen Kräften erlangt.

Aber muss es nicht heißen: »Frau Doktorin« oder »Frau Professorin«? Bei allem Gewese um Geschlechtergerechtigkeit müssten doch auch diese Titel verweiblicht werden!?

Für gewöhnlich sagen wir »Frau Doktor« zu Frau Dr. oder wir schreiben »Sehr geehrte Frau Dr. Müller«. Das liegt an der Sprachökonomie und am Sprachgebrauch: Wir wollen uns gut und knapp und so, wie wir es gewöhnt sind, ausdrücken.

Geht es dagegen darum, näher zu beschreiben, worin diese Frau akademische Weihen erlangt hat, so ist die übliche Formulierung: »Sie ist Doktorin des Rechts« oder »Doktorin der Zahnheilkunde«. Das ist die semantische Kongruenz, die inhaltliche Übereinstimmung mit dem Geschlecht der Person. Ein Blick in Promotionsordnungen verschiedener Universitäten bestätigt: Der Abschluss als »Doktorin« ist regulär vorgesehen.

Dennoch gab es in der Vergangenheit oft ein Ringen um die Weiblichkeit von Titeln und Graden. Auf der Suche nach geeigneten Vorbildern schauen wir ganz nach oben in der Hierarchie der Titel. Es heißt zum Beispiel »Frau Ministerin«. Diese Anrede war undenkbar, bis 1961 die erste Frau in der westdeutschen Bundesregierung einen Ministerposten übernahm. Aber dann galt sie.

2005 wurde Angela Merkel als erste Frau ins Kanzleramt gewählt. Prompt rauften sich viele die Haare, wie sie wohl angesprochen werden sollte: »Frau Bundeskanzler«? Die Frage wurde so breit diskutiert, dass *Bundeskanzlerin* schließlich zum Wort des Jahres 2005 gewählt wurde. Dabei hatte sich das Bundesinnenministerium mit seinem »Ratgeber für Anschriften und Anreden« aus der Abteilung »Protokoll Inland« frühzeitig auf einen weiblichen Regierungschef vorbereitet. Es riet für die mündliche Anrede zu »Frau Bundeskanzlerin«. Das musste sich nur erst herumsprechen.

Sprachhistorisch ist die Angelegenheit äußerst interessant, denn häufig genug mussten feminine Titel mühsam erstritten werden. Streitpunkt war zum Beispiel, dass nach dem erfolgreichen Abschluss eines Studiums erst noch eigene Urkunden für die *Ingenieurin* gedruckt werden mussten. Offensichtlich war das in den 1990er-Jahren eine Zumutung für die Ausbildungsverwaltung.

Um zu ihrem Recht zu kommen, gingen manche Frauen bis vors Gericht. 1986 versuchten zwei Publizistikstudentinnen den Titel *Magistra Artium* anstelle des *Magister Artium* zu erstreiten. Beim Verwaltungsgericht Berlin trafen sie auf Verständnis. In einem Vergleich regte das Gericht die Klagegegnerin, die Freie Universität Berlin, dazu an, ihre Magisterordnung zu ändern. Der Stein des Anstoßes kam ins Rollen, viele Universitäten machten sich ans Werk, die *Magistra* einzuführen.

1996 versuchte eine promovierte Tiermedizinerin einzuklagen, dass der ihr verliehene Titel *Doctor Medicinae Veterinariae* in eine *Doctora* umgewandelt wird. Sie ist mit diesem Ansinnen gescheitert, denn das Gericht befand wohl mittels der eigenen Lateinkenntnisse, diese könne als tote Sprache nicht um eine Endung auf *-a* umgepolt werden. Die feminine Endung auf *-tor* sei *trix*. Sich *Doctrix* zu nennen, aber lehnte die Klägerin ab wegen der Ähnlichkeit zu Asterix und Obelix. Das ist nur allzu verständlich. Das Gericht riet ihr zur eingedeutschten Variante: *Doktorin der Tiermedizin*. So kam es, dass die Movierung juristische Weihen erlangte.

Die *Magistra* ist heute selten geworden. Mit der »Bologna-Reform« wurden zu Anfang der 2000er-Jahre die zweistufigen Universitätsabschlüsse Bachelor und Master eingeführt. Der errungene akademische Grad heißt nun Bachelor of Arts oder Master of Arts, abgekürzt B. A. oder M. A. Auf die Idee, diese Titel zu verweiblichen, ist noch niemand gekommen. Wer sagt schon: *Bachelorette* oder *Masterin*? Das Geheimnis liegt an der Art und Weise, wie darüber gesprochen wird: Es ist der Unterschied zwischen Haben und Sein. Üblich ist zu sagen »Ich habe meinen Master in XY gemacht« und weniger »Ich bin Master für XY«.

In Österreich ist das mit den Titeln ein wenig anders als in Deutschland. Hier wird großer Wert auf die würdevolle Betitelung gelegt, mehr als das in Deutschland üblich ist. Die korrekte Schreibweise für Titel sieht eine Hochstellung der Abkürzung vor:

» *Doktorin* *Dr.*^{in}
» *Professorin* *Prof.*^{in}
» *Magistra* *Mag.*^{a}

Mittlerweile können wir uns zurücklehnen und entspannt lauschen, wenn Frauen mitsamt ihren errungenen Titeln und hochstehenden Positionen angekündigt werden. Es heißt dann:
Begrüßen Sie mit mir:

» *Frau Professorin Ursula Schmidt*
» *Frau Staatssekretärin Karin Meier*
» *Frau Kammergerichtspräsidentin Angelika Bräuer*
» *Frau Polizeipräsidentin Hella Kunze*
» *Frau Diplomingenieurin Sabine Schneider*
» *Frau Schreinermeisterin Petra Müller*

Ja, auch *Meisterin* ist ein erworbener Titel. Und die Nachnamen sind zufällig gewählt.

Diese Frage der weiblichen Textanpassung mag heute ausdiskutiert sein. Eine letzte Bastion maskuliner Dienstgrade bleibt jedoch bei der Bundeswehr erhalten. Einen kurzen, aber heftigen Sturm der Entrüstung hatte im September 2020 ein Vorschlag aus dem Verteidigungsministerium ausgelöst. Es ging darum, Dienstgrade zu gendern: *Oberstleutnantin* und *Brigadegeneralin* sollte es geben. Nur der *Hauptmann* sollte statt *Hauptfrau* in alter Form erhalten bleiben und der *Oberst* statt *Oberstin*. Die Anregung dazu kam höchstpersönlich von Bundespräsident Frank-Walter Steinmeier. Er ist formal für die Dienstgradbezeichnungen zuständig. Es waren dann aber insbesondere die Frauen in der Bundeswehr, die diese Reform vehement abgelehnt haben, u. a. mit einer geschickten, plakativen Twitter-Kampagne. Sie wollen weiter *Frau Leutnant, Frau Feldwebel, Frau General* genannt werden. Eine Frage des Prestiges, der Überanpassung an ein männlich dominiertes Berufsumfeld? Die Bundeswehrsoldatinnen werden schon wissen, warum sie es genau so mit ihren Dienstgraden halten wollen.

Bei der Bundeswehr geht es tatsächlich nur um die Dienstgrade. Wie sich dies von der femininen Berufsbezeichnung unterscheidet, zeigt dieser Satz:

» *Generalstabsarzt Dr. Gesine Krüger ist Kommandeurin der Sanitätsakademie der Bundeswehr München und die dienstgradhöchste deutsche Soldatin.*

Mit diesen Worten leitet der Deutsche Bundesverband ein Interview mit Gesine Krüger ein. Wer, wenn nicht diese Publikation, weiß genau, wie sie korrekt die Frauen in der Bundeswehr zu bezeichnen hat.

Schabernack mit Wichtel*innen

Vielfalt für die Kleinsten

Das Gendern macht vor gar nichts halt. Bei allem, wo ein bisschen Männlichkeit drinsteckt, kommt die Frage: Sollten wir das nicht auch gendern? In diesem Fall geht es um den gewöhnlichen *Wichtel*. Der ist maskulin.

Sie kennen den Wichtel nicht? Das Wichtelmännchen ist ein Fantasiegeschöpf, das in nordischen Sagen Gutes tut: ein Zwerg oder Kobold voller guter Absichten. In einigen deutschen Pfadfinderverbänden, wie auch in österreichischen, werden die jüngsten Mitglieder als Wichtel bezeichnet, interessanterweise nur die Mädchen.

Es ist nur eine Frage der Zeit, bis auch der Duden eine feminine Variante des Wichtels verzeichnet. Bisher findet sich darin nur *Wichtel* und *Wichtelmännchen*. Dabei steht dem Wichtel längst ebenbürtig die Wichtelfrau zur Seite. Jedenfalls haben eine Vielzahl von Dekoshops Wichtelmädchen und -weibchen im Angebot. Manche nennen das feminine Pendant *Wichtelin*. Eine hübsche Neuschöpfung wäre die *Wichteline*.

Die Erschaffung der Wichtelfrauen ist lobenswert, denn im Fantasybereich dominieren männliche Figuren: mit 69 gegenüber 31 Prozent weiblicher Charaktere in der Kategorie Monster/Kreaturen. Bei Tierfiguren ist es mit 87 zu 13 Prozent noch krasser - so lauten Erkenntnisse der Studie »Audiovisuelle Diversität«, 2017 von Prof. Elisabeth Prommer und Dr. Christine Linke für das Institut für Medienforschung der Universität Rostock erstellt und bekannt als MaLisa-Studie. Mit Wichtelfrauen zu mehr Gleichstellung der Geschlechter, yeah!!

Doch zurück zu Fragen des Genderns: Wichtelmännchen und Wichtelweibchen werden als kleine, knuddelige Gestalten dargestellt. In Zeichnungen oder als Püppchen und Figuren haben sie eine hohe Ähnlichkeit zu Menschen. Weil es nichts gibt, was es nicht gibt, könnte es sein, dass auch in der Welt der Wichtel alle Geschlechter vorkommen. Konsequent zu Ende gedacht könnte auch das Wort *Wichtel* ein Gendersternchen vertragen: *Wichtel*in*, oder besser noch *Wichtel*innen*.

Viel Vergnügen beim Wichteln. Aber oh, das ist ja wieder etwas anderes …

Der Bürger*innensteig vorm Kanzlerinnenamt

Komposita sind das Letzte

Genie und Wahnsinn liegen im Deutschen nah beieinander. Wir können beide Wörter zusammenschweißen und sagen: »Er ist ein Wahnsinnsgenie«, und natürlich auch: »Sie ist ein Wahnsinnsgenie.« Das Geniale beim Deutschen ist, Wörter lassen sich nach Belieben miteinander kombinieren. Einige dieser Wörter treiben uns beim Gendern in den Wahnsinn.

Es geht um Komposita: Bei Doppelwörtern, die in ihrer vorderen Hälfte eine Personen- oder Berufsbezeichnung enthalten, stellt sich die Frage: Gendern oder nicht?

Wie gehen wir mit Wörtern wie diesen um:

» *Fleischermesser, Arztbrief, Bürgersteig, Teilnehmergebühr, Ingenieurbranche, Steuerzahlerbund, Kanzleramt*

Methode 1: Alles so lassen, wie es ist

Das *Fleischermesser* heißt so, weil es zum Fleischern benutzt wird. Seine überaus scharfe und große Klinge leistet beim Zuschneiden von rohem Fleisch gute Dienste. Niemand muss von Beruf Fleischer oder Fleischerin sein, um es zu benutzen. Das Nomen *Fleischer* ist bei dieser Wortkombination weniger eine Berufsbezeichnung, vielmehr bezeichnet es die Tätigkeit. Eine Anpassung an geschlechtliche Vielfalt ist nicht erforderlich. Das *Fleischermesser* ist und bleibt ein *Fleischermesser*.

Methode 2: Das Wort auflösen

Der *Arztbrief* ist vielen Ärztinnen ein Dorn im Auge. Vor allem jüngere ärgern sich über die nach wie vor männliche Dominanz in ihrem Berufsfeld. Von der Arztpraxis über den Arztkoffer bis hin zur Ärztekammer wünschen sie sich mehr sprachliche Präsenz. Bei einem Teil der kritisierten Wörter hilft es, mit einem Adjektiv zu arbeiten: Ärztlicher Begleitbrief könnte den *Arztbrief* ersetzen. Die *Frauenarztpraxis* kann *Praxis für Frauenheilkunde* genannt werden. Anderem im ärztlichen Wortschatz ist schwer beizukommen.

Methode 3: Das Wort durch ein anderes ersetzen

Der arme *Bürger*innensteig* muss dafür herhalten, den angeblichen Genderunfug zu beweisen. Dabei hören wir in jedem Radio- und Fernsehstatement den Ausdruck »Bürgerinnen und Bürger«; sogar sehr konservative Politiker gendern auf diese Art. Auf Genderstern und Anhängsel *-innen* können Sie beim Bürgersteig getrost verzichten. Er ist das perfekte Beispiel dafür, dass Sie genauso gut ein anderes Wort nutzen können. Sagen Sie einfach *Gehsteig, Gehweg* oder *Fußweg*. Diese Methode hilft in vielen Fällen.

Methode 4: Zur Tätigkeit zurückkehren

Personenbezeichnungen wie *Teilnehmer* sind aus Tätigkeiten abgeleitet, das Fachwort heißt Nomen agentis. Bedauerlicherweise ist das maskuline Wort so deutlich, als ginge es nur um Männer. Sie wollen sich besser ausdrücken und das Wort neutralisieren, dann suchen Sie nach der Tätigkeit im Wort. So machen Sie aus der *Teilnehmergebühr* die *Teilnahmegebühr*, aus dem *Rednerpult* das *Redepult*, aus der *Beratertätigkeit* die *Beratung*. Wir werden uns schon daran gewöhnen, dass die Wörter ein wenig anders klingen.

Methode 5: Klärendes hinzusetzen

Ingenieurbranche, Kultusministerkonferenz - diese Wörter gehören zum festen Fachwortschatz oder sind Amtsgebrauch. Daran zu rütteln, ist ein schwieriges Kapitel. Als Außenstehende können wir derartige Wörter nicht verändern. Machen Sie es sich trotzdem nicht allzu bequem. Nutzen Sie die nachfolgenden Sätze, um die Beteiligung von Frauen deutlich zu machen. Zum Beispiel so: »In der Kultusministerkonferenz kommen die Kultusministerinnen und -minister zu Beratungen zusammen.«

Methode 6: Abwarten, ob sich etwas ändert

Im März 2020 hat Anne Will in ihrer Talkshow Reiner Holznager, Präsident des Bundes der Steuerzahler, frech gefragt, ob dieser schon *Steuerzahler*innenbund* hieße. Viele Organisationen tragen maskuline Personen- oder Berufsbezeichnungen im Namen. Mit dem beruflichen Erfolg der Frauen hatten sie nicht gerechnet. Warten wir mal ab, wer sich alles einen neuen Namen verpasst. Immerhin: die neuen deutschen Medienmacher*innen haben sich vor wenigen Jahren gendersensibel umbenannt. Es passt besser zu den Menschen, für die sie sich engagieren.

Methode 7: Das Wort gendern

Während des Bundestagswahlkampfs 2021 tauchten neue Wörter im politischen Vokabular auf. Bei *Kanzlerinnenkandidatin* ist die doppelte Feminisierung sprachlich zu viel und schwierig zu sprechen. Aber *Kanzlerinnenamt*, warum nicht? Hätte Annalena Baerbock das Rennen gemacht, hätten wir sicher diese neue Bezeichnung erhalten. Die Anpassung des Namens liegt »im Ermessen der Amtsinhaberin«, sagt das Bundeskanzleramt. Bei Angela Merkels Amtsantritt 2005 war die Zeit dafür noch nicht reif.

Fazit:

Beim Schreiben begegnen Ihnen viele Doppelwörter. Ein Tipp vom Dudenratgeber »Gendern ganz einfach«: Überlegen Sie, was steht im gedanklichen Mittelpunkt: die Menschen in dem Wort oder die Sache? Bei einem starken Personenbezug sollten Sie sich ums Gendern kümmern. Geht es wie beim *Fleischermesser* um eine Sache, können Sie darauf verzichten.

Habt ihr keine wichtigeren Probleme?

Ändert Gendern etwas an der Denke?

In der Debatte ums Gendern ist sehr früh als Gegenargument die banale Frage aufgetaucht: Habt ihr keine wichtigeren Probleme? Die einzig richtige Antwort hat Margarete Stokowski im Juni 2021 in ihrer *Spiegel-Online*-Kolumne geliefert:

> *»Die relevanten Themen sind finanzielle Abhängigkeit und Gewalt, und da tut sich extrem wenig, beziehungsweise: Es wird schlimmer.«*

Sie listet an die 30 zentrale Probleme der fehlenden Gleichstellung auf: unter anderen die Einkommensunterschiede zwischen Männern und Frauen, die immer größer werden, während die Hauptlast der Versorgung von Familie und Haushalt nach wie vor bei den Frauen liegt. Was im Übrigen während der Pandemie schlimmer geworden ist. Sie spricht von nicht erkannten Herzinfarkten bei Frauen, weil die Medizin nicht auf die Unterschiede von Männern und Frauen schaut; sie zählt die überfüllten Frauenhäuser auf und die fehlenden Maßnahmen gegen sexualisierte Gewalt an Schulen, Theatern, in der Kirche und beim Film und etliches mehr. Es schmerzt, Punkt für Punkt zu lesen. Es gibt noch so wahnsinnig viel, was dringend angegangen werden müsste. Zugleich hat die Kolumnistin, die mit Herz und Verstand feministisch stets den Nerv trifft, kundgetan, sie rede nicht mehr übers Gendern, alle Argumente seien ausgetauscht. Sie schreibe einfach so geschlechtergerecht. Basta.

Auch Carolin Kebekus, Comedian mit wohlbekannter frauenpolitisch engagierter Haltung, befindet, der »Nebenschauplatz der Gendersprache« werde viel zu stark beachtet. Weil sie ihr neues Buch »Es kann nur eine geben« ihren »Freund*innen« gewidmet hat, wurde sie auf den Genderstern angesprochen. Im Interview sagte sie:

> *»Wenn wir alles so leidenschaftlich diskutieren würden wie die gendergerechte Sprache, würde sich vielleicht eher etwas ändern.«*

Doch was passiert in der Politik beziehungsweise durch die, die Politik machen oder machen wollen? Der Bundestagswahlkampf im Sommer 2021 war erstaunlich inhaltsleer. Statt Lösungsvorschläge für die vielen anstehenden gesellschaftlichen Probleme aus der Stokowski-Liste zu diskutieren, ging es viel zu häufig ums Gendern. Neben der AfD hatten auch Teile der Union das Aufregerthema als Möglichkeit des Stimmenfangs entdeckt. Der Berliner *Tagesspiegel* kam nach einer aufwendigen Datenanalyse zahlreicher Postings in Social Media, auf Twitter und Facebook, zu dem Ergebnis: »Der ursprünglich linke Gender-Begriff wird inzwischen am meisten von Rechten genutzt.« Wenige überraschend ging es dabei nicht um die Diskussion anstehender Genderfragen, sondern um die Diffamierung der sogenannten Gendersprache.

Davon zu unterscheiden ist der »Gender Say Gap«, ein hübsches Wortspiel des *Tagespiegel* für die Frage, wer denn nun wirklich gendergerechte Sprache in Postings verwendet. Dies sind eher Linke, Grüne und manche in der SPD. Auffällig ist, dass mehr von *Geschlechtergerechtigkeit* gesprochen wird, wohl auch um das Reizwort *Gender* zu vermeiden. Es bringt ja auch nicht weiter, wenn die Leute sich der inhaltlichen Diskussion versperren und sofort dichtmachen.

Eigentlich haben wir also ganz andere Probleme als Gendern. Geschlechtergerechter Sprachgebrauch ist nur ein Vehikel, wie es Sprache immer ist. Sie hilft uns Gedanken zu denken, miteinander ins Gespräch zu kommen, Forderungen auszusprechen. Sie schafft Bilder in unseren Köpfen, macht Unsichtbares sichtbar, indem sich Wörter formieren und wir mit jedem weiteren Wort daran erinnern, auch dies oder das zu bedenken.

Wir brauchen Sprache auch für Wertschätzung. Bei der geschlechtergerechten Sprache geht es um die Würdigung dessen, was Frauen bereits erreicht haben, wofür sie in den vergangenen Jahrzehnten gekämpft haben. Beim Gendern geht es darum, Menschen aus dem Verschweigen zu holen, für die es die berühmte Benennungslücke gibt.

Ein weiteres Gendergegenargument ist, dass das Gendern nichts für die Gleichstellung leiste. Dabei wird auf geschlechtsneutrale Sprachen geschaut. Das Ungarische wie das Türkische haben kein Genussystem. Und doch sind in beiden Ländern die patriarchalen Strukturen unübersehbar. Die homophobe Gesetzgebung in Ungarn und Prügelattacken der Polizei auf demonstrierende Frauen am internationalen Frauentag in der Türkei werfen ein Schlaglicht auf die dortigen sexistischen Verhältnisse. Von Istanbul entfernt liegt in 2148,23 Kilometern Luftlinie Helsinki. In der finnischen Hauptstadt regiert Ministerpräsidentin Sanna Sarin. Ihr paritätisch besetztes Kabinett arbeitet an etlichen gleichstellungspolitischen Maßnahmen. Auch Finnisch ist eine geschlechtsneutrale Sprache, doch die Gesellschaft Finnlands ist wesentlich fortschrittlicher als die in Ungarn und in der Türkei.

Beispiel und Gegenbeispiel - welchen Einfluss hat die Sprache? Prof. Carolin Müller-Spitzer weist auf weltumspannende Studien mit einem Datenset aus über 4000 Sprachen mit einem überraschenden Ergebnis hin: In Ländern mit geschlechtsspezifischen Sprachen sind das Bildungsniveau von Frauen und ihre Erwerbsbeteiligung geringer. Je nach Land spielen natürlich viele weitere Faktoren eine Rolle. Dennoch überlegt die Linguistin Müller-Spitzer, ob Sprachen, die genuslos sind und deshalb nicht zu geschlechtsspezifischen Einordnungen zwingen, im Verhältnis offener über Geschlechterrollen denken lassen.

Da haben wir ein Problem: Wir können im deutschen Sprachraum unsere Sprache nicht komplett umkrempeln. Aber indem die Techniken der geschlechtergerechten Sprache uns vielfach eine geschlechtsneutrale Wortwahl nahelegen, sind wir ein Stück auf dem vorgezeichneten Weg: Geschlecht sollte egal sein, wortwörtlich gleichwertig. Andererseits wollen wir als Frauen sichtbar sein und genau das ermöglicht uns das geschlechtsdifferenzierende Deutsch.

Aus dieser Erkenntnis sollten wir als Auftrag mitnehmen, dass es dringend notwendig ist, den Genderbias aufzulösen, also die stereotypen Vorstellungen, wie dieses oder jenes Geschlecht ist oder sein soll. Dies ist so sehr mit Sprache und Sprachgewohnheit verknüpft, mit der Semantik, also mit der Bedeutung von Wörtern. Daran etwas ändern zu wollen, erfordert eine viel tiefer greifende Umwälzung als das bisschen Vertreibung des generischen Maskulinums aus dem Deutschen.

fünf

Wie uns die Wörter verraten: notwendige Korrekturen

Das Gendern stellt vieles infrage. Es empfiehlt sich, einzelne Wörter auf die Goldwaage der Gendergerechtigkeit zu legen. Wörter, die uns zunächst an Männer denken lassen, obwohl sie für alle gelten sollten. Aber auch Wörter, die wir mit weiblichen oder männlichen Eigenschaften verbinden. Stimmen die denn? Sind Männer so und Frauen anders? Und was ist mit Menschen, die sich nicht in das System der Zweigeschlechtlichkeit einordnen? Welche Vorstellungen von Geschlechterrollen begleiten uns und merken wir das überhaupt? Es gibt einen Begriff dafür: Genderbias. Das Unangenehme an Geschlechtsrollenstereotypen ist, sie beeinflussen im Verborgenen unsere Gedanken, die wir unhinterfragt zu Wörtern formen.

Sind alle Hacker männlich?

Warum wir zu Cyberkriminellen nicht nett sein sollten

Schon mal von einer *Hackerin* gehört? Anfang August 2021 war es so weit: Das Wort krönte zahlreiche Schlagzeilen. Die CDU hatte eine Strafanzeige gegen die Softwareentwicklerin Lilith Wittmann erstattet. Sie hatte in einer Handyapp der Partei gravierende Sicherheitslücken entdeckt, durch die sie in deren kaum gesicherte Datenbank eindringen konnte. Nette Hacker*innen weisen durch solche Versuche auf Schwachstellen hin, bevor nicht so nette Cyberkriminelle diese ausnutzen. Ethisches Hacking nennt sich das, meist ausgeführt von Mitgliedern des Chaos Computer Club. Doch statt die Hinweise der Computerspezialistin ernst zu nehmen, wurde ihre vorgebliche Straftat angezeigt. Kurz darauf musste die Parteizentrale die Anzeige kleinlaut zurücknehmen.

Von Lilith Wittmann mal abgesehen ist eigentlich immer nur von *Hackern* die Rede, sprich »Häcker«, ist ja englisch. Auch Betrüger, Ganoven oder Schurken sind meistens männlich, so steht es jedenfalls in der Zeitung geschrieben, wenn mal wieder sensationsgierig über kriminelle Akte berichtet wird. In diesem Themenfeld gibt es nur einen geschlechtsneutralen Überbegriff: Beim Wort *Cyberkriminelle* sind alle Geschlechter gemeint. Aber wetten - Sie denken sofort an Männer?! Das Phänomen nennt sich das soziale Geschlecht eines Wortes.

Dabei gibt es sie: Täterinnen im Bereich der Cyberkriminalität. Laut eines Berichts des Bundeskriminalamts von 2015 wächst der Anteil von Frauen in der Szene sogar. Zwar sind Männer als *Hacker* weiter in der Überzahl, doch ist das ein Grund, nicht zu gendern? Wann lesen wir mal wieder das Wort *Hackerin* in der Zeitung?

Wer längere Texte schreibt, sucht oft nach ähnlichen Wörtern, alles andere wäre ja langweilig. Bei Cybercrime bieten sich *Schurke, Betrüger* und *Ganove* an. Diese Begriffe in der femininen Variante richten den Blick auf eine Gruppe von möglichen Straffälligen, die vorher kaum gesehen wurde: Frauen.

Die *Schurkin* gibt's nicht? Doch, doch, der Duden hat sie im Angebot und gleich noch weitere Bezeichnungen für strafbares weibliches Verhalten:

» *Betrügerin, Ganovin, Banditin, Gaunerin, Halunkin, Räuberin, Verbrecherin, Übeltäterin*

Im Jahr 2020 hat der Duden damit begonnen, 12000 Personenbezeichnungen in seiner Onlineausgabe mit eigenen Definitionsangaben zu versehen. Dabei passt die Dudenredaktion nicht nur die »netten« Berufe an, mit denen Rechtschaffene ihren Lebensunterhalt verdienen. Auch kriminelles Treiben erhält eigene feminine Begriffsbestimmungen. So viel Gleichstellung muss sein.

Nun ist das Wort *Hacker* englisch, aber wenn so ein Wort viel und oft auch im Deutschen verwendet wird, dann wird es eingedeutscht. Das bedeutet bei Personenbeschreibungen: Im Englischen sind sie geschlechtsneutral, im Deutschen mutierten sie zu maskulinen und femininen Begriffen, das ist unsere Sprachsystematik. *Der Hacker* ist maskulin; feminin wird das Wort durch das Anhängen der Silbe *-in*.

Haben die Wörter erst mal diese Movierung erhalten - durch das kleine *-in* -, dann lässt sich auch ein Gendersternchen einbauen, zum Beispiel in Form von *Betrüger*innen* oder auch *Hacker*innen*, vorzugsweise im Plural, dann entstehen weniger grammatische Probleme.

Ein geschlechtsneutraler Überbegriff, bei dem Sie ohne Sonderzeichen auskommen, ist das bereits genannte Wort *Cyberkriminelle*. Das ist in diesem Themenfeld der Favorit, weil Sie damit auch trans-, intergeschlechtliche und nicht-binäre Nerds mit krimineller Energie bezeichnen können. Die können genauso durchtrieben sein.

An dieser Stelle sei kurz erwähnt, dass sich die *Nerdin* noch nicht im Duden eingefunden hat. Das Wort sieht aber auch eigenartig aus und hat sich bisher nicht im Sprachgebrauch etabliert. Wenn Sie wollen, legen sie einfach los und schreiben *Nerdin*. Wenn die *Userin* im Duden steht, dann ist die *Nerdin* nicht mehr weit.

Es spricht aber auch nichts dagegen, Wörter aus dem Englischen so zu lassen, wie sie sind. Wir sprechen doch auch begeistert vom *Star*, also nicht vom Vogel, sondern von einer Person aus der Glitzerwelt von Kunst und Kultur. Dass dies ein maskuliner Begriff ist, stört uns gar nicht. Denn selbst wenn es um Beyoncé geht, und die ist so was von weiblich, wird sie dennoch als *der* Star bezeichnet.

Zurück zur Kriminalität: Wenn wir beim Schreiben für Geschlechtergerechtigkeit sorgen wollen, dann sollten wir unsere gewöhnlichen Vorstellungen davon, was Männer und was Frauen ausmacht, ehrlich überprüfen. Zum Gendern gehört deshalb die Standardfrage: Wie ist die Beteiligung von Frauen und Männern denn tatsächlich? In Fall von Cybercrime: Gibt es ausschließlich Männer, die anderen auf kriminelle Art schaden?

Interessanterweise spielen uns Bilder einen Streich, die sich ins Gedächtnis eingebrannt haben. Wenn das Fernsehen über Hacker berichtet, dann sitzt im blauen Widerschein eines Computerbildschirms ein junger Mann im Hoodie, über die Tastatur gleiten Männerhände. So entstehen Vorurteile, auch Geschlechtsrollenstereotype genannt.

Andererseits kennen wir aus Filmen wie »Verblendung« die Hackerin Lisbeth Salander. Ebenfalls mit IT-Fertigkeiten trumpfte Kommissarin Sarah Brandt, gespielt von Sibel Kekilli, im Kieler Tatort auf, nur machte sie das im eher legalen Bereich. Filmdramaturgie der jüngeren Zeit lässt nerdige Frauen auftreten, zugleich wird ihnen eine exotische Rolle auf den Leib geschrieben: eine junge, attraktive Frau, die im Hacken fit ist, was für eine Fallhöhe! Im bundesweit tätigen Verein der »Digital Media Women« sind über 24 000 Frauen organisiert. Die machen vermutlich alle nur legale Dinge, kennen sich aber mit IT wirklich gut aus. Nur sind sie nicht so sichtbar wie Computerjungs. Dass sich das ändert, ist auch ein Ziel des Gebrauchs von geschlechtergerechter Sprache.

Wer im Internet länger sucht, entdeckt in Sachen Cybercrime und Frauen die Website »10 notorious female hackers«. Hier sind zehn Frauen genannt. Wie viele mehr gibt es tatsächlich? Wer immer nur von *Hackern* spricht und die *Hackerinnen* vergisst, wird gar nicht erst versuchen, ihre Zahl zu ermitteln. Eine Studie des »Austrian Institute of Technology« hat differenziert und festgestellt, dass in Österreich zu 18 % Frauen an Straftaten im Internet beteiligt waren.

Das Gute am Gendern ist: Es holt uns aus festgefahrenen Begrifflichkeiten und Schreibroutinen raus. Gendersensible Texte verändern den Blickwinkel und zeichnen sich durch eine erweiterte Recherche aus.

Wer über Cyberkriminelle berichtet, hat spätestens jetzt verstanden, dass sich ein neues Themenfeld auftut: weibliche Cyberkriminalität, Gendern sei Dank! Und es gibt sogar »ethische Hackerinnen«, die netterweise nach Sicherheitslücken suchen. Was für ein Riesenschritt für die Gleichstellung ist dann noch getan, wenn wir bei einem Fernsehbericht über gehackte Großrechenanlagen endlich auch mal Frauenhände über eine Tastatur huschen sehen.

Der unbekannte Täter

Von Fallzahlen und falschen Rücksichtnahmen

Manchmal fällt es auf: Wir lesen Wörter wie *Erzieher*innen* und *Astronaut*innen*. Uns begegnen *Tourist*innen* und *Friseur*innen*. Auch *Zeitungszusteller*innen* bekommen ein Sternchen genauso wie *Politiker*innen*. Nur eine Personengruppe hat selten einen Genderstern. Das sind die, die Schlimmes getan haben. Menschen, die straffälliges Verhalten gezeigt haben. Wieso heißt es im Polizeideutsch: »unbekannter Täter?« Das macht Männer zu Verdächtigen und nur die.

Dabei gibt es *Täter* und *Täterinnen* und ja, auch *Täter*innen*. Allerdings ist der Männeranteil an Menschen, die in deutschen Gefängnissen Haftstrafen verbüßen, überproportional hoch: Er liegt bei 95 Prozent. Es werden mehr Straftaten von Männern begangen. Aber wir alle wissen doch auch von Taschendiebinnen und Betrügerinnen. Frauen hinterziehen genauso Steuern wie Männer und einige fahren viel zu schnell. Das Maskulinum bei »unbekannter Täter« verschleiert den Umstand weiblicher Kriminalität.

Es sollte nicht so sein, dass bei negativem oder gar kriminellem Verhalten der sprachliche Eindruck entsteht: Das machen alles nur die bösen Männer. Frauen sind zwar weniger kriminell, aber sie gentlemanlike mit Worten zu schützen, ist nicht mehr zeitgemäß.

Beim Benutzen ausschließlich maskuliner Bezeichnungen in Berichten über kriminelle Handlungen passiert aber genau dies. Denn das Maskulinum versagt, wo es generisch sein soll: Es ist nicht allgemeingültig, Frauen sind nicht mitgemeint. Wer »unbekannter Täter« liest oder hört, hat spontan nur männliche Täter vor Augen. Dies ist der unbewusste Genderbias, damit gemeint ist das stereotype Vorurteil: Frauen sind eher lieb und Männer aggressiv, gar kriminell.

Wer im öffentlichen Diskurs spricht oder schreibt, benutzt oft Sprachhülsen und Phrasen: »Bürger und Bürgerinnen« geht leicht über die Lippen. Dagegen ist »Täter und Täterinnen« mühevoll und vor allem ungewohnt, obwohl es richtig wäre. Genau solche Phrasen sind auch *Temposünder, Steuerhinterzieher, Terroristen*. Diese Wörter begegnen uns vorrangig in Nachrichtentexten und dort in fett gedruckten Überschriften.

Schreiben wir also *Temposünder und -sünderinnen* oder besser *Temposünder*innen* und *Steuerhinterzieher*innen*? Oder ist uns das alles zu kompliziert? Bei Terroristen wird es unter Umständen schon konkreter. Am Terror der Rote Armee Fraktion (RAF) in den 1970er-Jahren beispielsweise waren ausgesprochen viele Frauen beteiligt. Dies war jedoch eine Ausnahmeerscheinung.

Außerdem muss immer kritisch gefragt werden, ob der Genderstern wirklich passt. Keinesfalls schreiben sollten Sie Islamist*innen oder gar Taliban*innen. Ahmad Mansour, Psychologe, Autor und Islamexperte mit arabisch-israelischen Wurzeln, warnt vor derartigen Falschbezeichnungen: Gendern passe nicht zu Menschen, die diese Diversität komplett ablehnten: »Die Realität verpflichtet die islamistische Ideologie dazu, queere Menschen zu ermorden.«

Gendergerecht zu schreiben - und die Frauen nicht zu verschonen -, ist eine Herausforderung, zu der sich viele Gedanken machen. Die deutschsprachigen Nachrichtenagenturen haben im Sommer 2021 bekannt gegeben, »diskriminierungssensibler berichten« und das »generische Maskulinum zurückdrängen zu wollen«. Gendern bedeutet, genau hinzuschauen und mit den Mitteln der Sprache präzise zu beschreiben, wie das konkrete Geschlechterverhältnis ist. Alle journalistischen Profis wissen, geschlechtergerecht zu schreiben erfordert zusätzliche Recherche: Sind wirklich Frauen dabei?

Wer »prügelnde Polizist*innen« schreibt, sollte sicher wissen, wer da zugeschlagen hat. Ein Sternchen in *Vergewaltiger*innen* sollte unterbleiben. Dieses Verbrechen ist überwiegend eine Gewalttat von Männern an

Frauen. Allzu gleichmacherisches Gendern darf nicht verdecken, wer bei sexualisierter Gewalt die Täter sind.

Betrachten wir hingegen, wer physische oder psychische Gewalt in der Familie, in Institutionen und kirchlichen Einrichtungen oder in der Öffentlichkeit ausübt, so müssen wir anerkennen, dass dies nicht nur Männer tun. Auch Frauen müssen gelegentlich als Täterinnen genannt werden, genauso wie trans Personen und Nicht-Binäre solche Gewalttaten ausüben könnten. Das sollte nicht verschwiegen werden. Eine differenzierte Darstellung ist nötig. Genderbias darf uns nicht die Augen verschließen.

Trudelt also in einer Lokalredaktion eine Polizeimeldung ein mit den wohlbekannten Wörtern »unbekannte Täter«, müsste ein Nachdenken einsetzen. Ein sensibler Umgang mit Sprache ist gerade bei der Aufklärung von Straftaten wichtig.

Eine neutrale Alternative zu *Täter* und *Täterin* wäre zum Beispiel *Kriminelle*. Aber trifft es das Wort, wenn z. B. aus pubertärem Übermut im Straßenraum etwas zerdeppert wird? Jugendliche, die so etwas tun, sind keine Kriminellen, straffällig geworden sind sie schon. Also muss, wer auch immer die Meldung bearbeitet, in der Polizeidienstelle nachfragen: Waren es wirklich zwei Männer oder mehrere oder Frauen oder wer? Gibt es bereits bessere Erkenntnisse? Eine Alternative, die alles offen lässt, ist eine geschlechtsneutrale Formulierung: »An der Tat beteiligt waren mindestens zwei Personen.«

Schauen Sie gerne Fernsehkrimis? Manchmal frotzeln die Kommissarinnen und Kommissare: »Der Täter?« »Oder - die Täterin?« Ganz nebenbei macht der Dialog darauf aufmerksam, dass die Kriminalpolizei bei ihren Ermittlungen eben nicht mit Genderbias vorgehen darf, sondern in alle Richtungen ermitteln soll. Es gilt, auch Frauen als Tatverdächtige in den Blick zu nehmen. Laut Drehbuch wird das oft vergessen oder aus dramaturgischen Gründen übersehen und prompt tapsen die Ermittler*innen in die falsche Richtung. Wie löblich ist da doch das kriminalistische Fernsehvergnügen: Gendern lernen auf die leichte Art.

Hallo und Guten Tag!

Die neutrale Anrede im Geschäftsbrief

» *Guten Tag, Toni Müller!*
Eine perfekte Anrede, wenn Sie nicht wissen, ob Toni ein Mann, eine Frau oder nicht-binär ist.

Das passt auch zum Geschäftsbrief. Warum? Weil das respektvoll ist. Sie lesen richtig. Wir können ja auf keinen Fall schreiben: »Sehr geehrter Herr Müller, oder sollen wir sagen: Frau Müller? Wir wissen nicht, wie wir Sie ansprechen sollen.« Die Anrede »Guten Tag, Vorname Nachname« befreit uns aus der Verlegenheit, wenn wir nicht wissen, ob Toni eine Frau oder ein Mann ist oder vielleicht weder als Dame noch als Herr angesprochen werden möchte.

Aber der Reihe nach: Der Name Toni verrät uns nichts über das Geschlecht. Auch wer Robin, Kim oder Sascha heißt, kann männlich oder weiblich sein. Toni ist oft die Abkürzung von Anton oder Antonia, Sascha hat seinen Ursprung in Alexandra und Alexander. Manchmal sind solche Kurznamen genauso in der Geburtsurkunde vermerkt. Wie Robin und Kim funktionieren Toni und Sascha sowohl bei Männern als auch bei Frauen.

Manche Menschen wechseln von ihrem Geburtsnamen zu einem geschlechtsneutralen Vornamen, weil sie nicht-binär sind, also weder männlich noch weiblich. Trans Personen ändern auch oft ihren Namen, manchmal wählen sie einen Namen, der geschlechtlich nicht eindeutig ist. Ob und wann Namen in offiziellen Dokumenten oder im Personalausweis geändert werden, ist eine ganz andere Frage. Der Weg dahin ist oft ausgesprochen mühevoll. Bei geschäftlicher Korrespondenz ist letztlich nur wichtig, wie sich die Person Ihnen vorgestellt hat.

Es gibt darüber hinaus viele weitere Vornamen, die bei der Anrede ein Rätsel darstellen. Namen aus Sprachen, bei denen nach dem deutschen Sprachverständnis das Geschlecht nicht erkennbar ist.

Und dann gibt es Eltern, vor allem Prominente, die das Spiel mit besonderen Namen lieben. Denken Sie an den Reality-TV-Star Kim Kardashian, deren Kinder *North, Saint* und *Psalm* heißen, oder an die Schauspielerin Gwyneth Paltrow, die den Namen *Apple* vergab. Das Geschlecht dieser Kinder ist am Namen nicht ablesbar. Ein Trend aus den USA, der auch in den deutschsprachigen Raum herüberschwappt.

Eltern eines Neugeborenen entscheiden sich gelegentlich bewusst für die Neutralität des Namens, berichtet die Namensforscherin Gabriele Rodriguez gegenüber dem Berliner *Tagesspiegel*. Sie verwaltet mehr als eine halbe Million Vornamen in der Datenbank der Universität Leipzig. Diese wächst jedes Jahr um 1000 neue Namen an, weil der Wunsch nach Individualität groß ist und die Regeln zur Namensvergabe immer liberaler gehandhabt werden.

In der Regel bestehen die deutschen Standesämter beim Vornamen auf eine Erkennbarkeit des Geschlechts. Der aus dem Italienischen stammende Vorname *Luca* zum Beispiel führte in den 1990er-Jahren in Berlin zu einem erbitterten Streit zwischen den verzweifelten Eltern und dem Standesamt, der vor Gericht ausgetragen wurde. Heute empfehlen Standesämter, zum Wunschnamen einen zweiten, geschlechtlich eindeutigen Namen hinzuzusetzen. Dann hat das Kind später die Wahl.

Wie lässt sich das Problem beim Geschäftsbrief lösen? Nennen Sie den kompletten Namen: Toni Müller statt Herr oder Frau Müller. Das klingt auch für die angeschriebene Person gut - Sie zeigen Respekt, denn Sie kennen ihren Vor- und Nachnamen. Die Frage des Geschlechts bleibt damit ungeklärt, aber im geschäftlichen Briefverkehr ist das doch sowieso nicht von Belang.

Und die Anrede, die eigentliche Frage, um die es hier geht? Sie eröffnet die schriftliche Kommunikation, hier geht es vor allem um Höflichkeit.

Ein lockeres »Hallo Toni Müller« ist möglich, aber eigentlich zu flapsig. Für geschäftliche Briefe ist das *Hallo* unpassend.

Machen Sie es sich einfach mit dem freundlichen *Guten Tag*. Das sagen wir zur Begrüßung, also können wir es auch schreiben. Und wir müssen diese Wörter nicht an das Geschlecht anpassen. Schreiben Sie also: »Guten Tag, Toni Müller!« Kluge Menschen aus der Queercommunity wie der Bundesverband Trans* e. V. empfehlen diese Anrede in ihren Tipps für eine diskriminierungsfreie Sprache. Auch die DIN 5008, eine hilfreiche Anleitung für die Gestaltung geschäftlicher Kommunikation, weist diese Anredeform aus. Herausgegeben wird sie vom Deutschen Institut für Normung, daher dieses »DIN«.

Verzichten Sie also getrost auf »Sehr geehrte …«. Diese förmliche Anrede klingt doch eh wie aus dem vorigen Jahrhundert.

Ein Sonderfall tritt ein, wenn Sie den Vornamen nicht kennen. »Guten Tag, Maier!« zu schreiben, klingt verdammt unhöflich. Lassen Sie in so einem Fall den Namen komplett weg, schreiben Sie nur: »Guten Tag!«

Unter Ihren Brief könnten Sie einen freundlichen Hinweis platzieren:

» *Wir möchten Sie künftig gern richtig ansprechen. Bitte teilen Sie uns mit, ob Sie als Herr, Frau, geschlechtsneutral oder mit Sternchen begrüßt werden möchten.*

Wenn Sie nicht wissen, wie jemand angesprochen werden will, ist das immer ein Moment der Unsicherheit. Bei der persönlichen Begegnung empfiehlt es sich, höflich danach zu fragen. Meistens ist das eine willkommene Geste. Wenn es im geschäftlichen Briefverkehr gilt, Unklarheiten zu beseitigen, ist solch eine an sich viel zu private Frage auch mal passend.

Jede*r für alle

Wo uns die Grammatik im Stich lässt

In vielen Sprachleitfäden findet sich der Tipp: »Ersetzen Sie *jeder* durch *alle.*« Ganz so einfach ist es leider nicht.

Jeder, jede, jedes ist ein Pronomen, das vielfältig zum Einsatz kommt. Wir nutzen es an »jedem Tag«, zu »jeder Stunde«. Aber wenn wir sagen: »Jeder Einzelne von uns nutzt es«, wird es schwierig, jedenfalls dann, wenn wir uns gendersensibel ausdrücken wollen. Das Wort gibt es nur im Singular und es kann dem Geschlecht der gemeinten Person angepasst werden. Eine Teilnehmerin im Frauenkegelclub kann zum Beispiel sagen: »Jede Einzelne von uns hat schon mal alle Neune geschafft.« Die meisten Frauen sagen aber »jeder von uns« aus purer Gewohnheit.

Als Pronomen funktioniert *jeder* und *jede* nur für männliche und weibliche Personen. Sollen nicht-binäre Personen mitumfasst sein, muss auf das geschlechtsneutrale *alle* ausgewichen werden. Sind unter den Kegler*innen nicht-binäre Personen, ist es fair zu sagen: »Wir haben alle schon mal alle Neune geschafft.« In diesem Fall hat *alle* das *Jeder* perfekt ersetzt.

Aufgepasst: *Jeder* und *alle* haben durchaus eine unterschiedliche Bedeutung, schließlich bezeichnet Ersteres einen Singular, Letzteres einen Plural:

- *Ich habe jeden auf der Party begrüßt.*
  bedeutet: *Ich habe jeder einzelnen Person Hallo gesagt.*
- *Ich habe alle auf der Party begrüßt.*
  bedeutet: *Ich habe ein fröhliches Hallo in die Runde geschickt.*

Schwierig sind die vielen Floskeln, die wir mit dem Wort *jeder* benutzen. Können wir sie feminisieren oder geschlechtsneutral umformulieren? Das unterscheidet sich von Fall zu Fall und hängt davon ab, ob wir Lust haben, daran zu denken.

Ein bisschen kniffelig ist das Ganze schon:

» *Ein jeder von uns - eine jede und ein jeder von uns*
» *Jeder Einzelne - jeder und jede Einzelne*
» *Jeder Dritte - jeder und jede Dritte*

» *Hier kennt jeder jeden. - Wir kennen uns alle.*
» *Jeder für jeden - alle für einen.*

» *Ich melde mich bei jedem. - Ich melde mich bei euch allen.*

» *Jeder kann zugreifen. - Bitte nehmt euch.*
» *Jeder, der oder die mitkegeln will*

Die Floskel »Das weiß doch jeder« können wir mit Blick auf Frauen geschickt erweitern: »Das weiß doch jeder und jede.« Wenn wir schnell genug sind und uns nicht erst beim Sprechen einfällt, dass wir auch die Frauen bedenken wollen, sprechen wir sie zuerst an: »Das weiß doch jede und jeder.«

Wollen wir uns geschlechtsneutral ausdrücken, geht die Formulierung so:

» *Das weiß doch jede*r.*

Pech nur, dass *jede*r* sich nicht sprechen lässt. Die einfache Lösung:

» *Das wissen doch alle.*

Drache gendern? Uaahh!

Fantasy und Vielfalt: über ernst zu nehmende Rollenspiele

Erinnern Sie sich noch an den Drachen Frau Mahlzahn? Dazu müssten Sie als Kind das Buch »Jim Knopf und die Wilde 13« gelesen haben. Michael Ende, der Autor, beschreibt sie so: »… ein besonders scheußlicher Drache. Er war ein bisschen größer als Emma, die Lokomotive, aber sehr viel dünner, geradezu mager. Er hatte eine spitze Schnauze, die mit dicken Warzen und Borsten bedeckt war.« Fällt es Ihnen auf? Obwohl der Schriftsteller dem Drachen den weiblichen Namen *Frau Mahlzahn* verpasst hat, arbeitet er weiter mit männlicher Zuschreibung. Hat er sich nur nicht getraut, sie *Drachin* zu nennen?

Michael Ende hätte nur mal im »Deutschen Wörterbuch« von Jacob und Wilhelm Grimm nachschauen müssen, erstmals erschienen 1854. Die Brüder sammelten als Volkskundler nicht nur die »Grimm'schen Märchen«. Als Philologen wollten sie auch die Herkunft und den Gebrauch eines jeden deutschen Wortes in einem Nachschlagewerk belegen. Dazu erforschten sie den Wortbestand seit Mitte des 15. Jahrhunderts. Jacob (1785 - 1863) und Wilhelm (1786 - 1859) kamen zu Lebzeiten nur bis Buchstabe F, da war die *Drachin* wohl schon mit drin. Das ehrgeizige Buchprojekt wurde nach ihrem Tod fortgesetzt, 1961 war es komplett und ist inzwischen digitalisiert. Ebenda, wie es altmodisch heißt, finden sich Nachweise mit einer Fundstelle von 1858: Die Vorform der *Drachin* im Mittelhochdeutschen war die *Trechinne* und im Althochdeutschen die *Drechin*.

»Jim Knopf« entstand Ende der 1950er-Jahre. Sollte Michael Ende damals im Duden geblättert haben, fand er auch nur: »Drache, der; -n, -n (ein Fabeltier)«. Er wird es nicht getan haben, obwohl seine Frau Malzahn die Männlichkeit des Begriffs bereits in Abrede stellt.

Wir halten fest: Auch wenn es uns noch so komisch vorkommt, selbst beim Wort Drache sind die Regeln der Movierung anwendbar, also die Markierung des weiblichen Geschlechts durch das Anhängen der Silbe *-in* an den Wortstamm. So funktioniert das eben im Deutschen. Und zwar schon seit Jahrhunderten.

Allerdings ist der Drache ein Tier, wenn auch ein Fabeltier. Bei Hund, Katze oder Pferd spielt Gendern keine Rolle, nur Menschen machen sich Gedanken um ihre geschlechtliche Identität. Bei Tieren benutzen wir ohne Ansehen des Geschlechts den Genusbegriff: Eine Katze ist eine *Katze*, selbst wenn sich erst auf Nachfrage herausstellt, dass es ein *Kater* ist. Oft werden wir sprachlich erst dann genau, wenn es zu einem eindeutig weiblichen Verhalten kommt. Niemals würden wir sagen: *der trächtige Löwe*.

In der Kinderbuchliteratur sind auf Frau Mahlzahn längst *Drachinnen* gefolgt, etwa im »Kleinen Drachen Kokusnuss«. Meistens finden sich eher Wortspielereien wie *Drachenmädchen* oder *Drachenlady*. Im Kinderfilm »Drachenzähmen leicht gemacht« gibt es ein *Drachenweibchen*, in Folge 3 der Zeichentrickserie »Die Gummibärenbande« spielt eine einsame *Drachendame* eine Rolle, und »Lissy, die Drachendame« stolziert als drei Meter große Stelzenfigur bei Kulturfesten vor Kindern herum.

Sogar das Wort *Drachenfrau* ist richtig. Es klingt nur ein bisschen wie die Frau vom Drachen, also wie die Lebenspartnerin eines Drachen. Mit dem Zusatz *-frau* ist es die weibliche Variante des Drachen. Die Drachenfrau Tiamat gilt als die Mutter vieler Ungeheuer.

Von Kinderbuch bis Gaming - mal sind Drachen und Drachinnen knuffig, mal Furcht einflößend, oft auch irgendwie menschenähnlich. Viele können sprechen oder zeigen menschliche Gefühle. Deshalb sind Fantasyfiguren denkbar, die trans-, intergeschlechtlich oder nicht-binär sind. Ganz so wie sich ihre Erfinder*innen die Drachenidentität ausmalen. Und die bekommen folgerichtig ein Gendersternchen: *Drach*innen*. Warum nicht?

Beim Roleplay schlüpfen Menschen auch mal in ihre liebste Drachenrolle. Wie im richtigen Leben kann dieses Wesen eine genderfluide oder andere geschlechtliche Identität haben. Sollten Sie einer Person in Drachengestalt begegnen, kann es nur korrekt sein, sie nach der Selbstbezeichnung zu fragen. Vielleicht sind der Genderstern oder ein anderes Genderzeichen erwünscht oder auch der Verzicht auf das Pronomen *er* oder *sie, ihm* oder *ihr*.

Eines darf nicht verschwiegen werden: Drachen sind nicht nur Feuer speiende, fliegende, Eier legende, mythische Wesen. Es gibt auch die abwertende Verwendung des Wortes für Menschenfrauen: »Sie ist ein wahrer Drache.« Erinnert sei ebenfalls an den *Hausdrachen* aus der Mottenkiste der vergessenen Schimpfwörter. Dies bezeichnet eine strenge Hausfrau, die gegen Unordnung und schlechtes Benehmen ihrer Familienmitglieder ankämpft. Dass die Frau dabei männlich tituliert wird, ist Bestandteil der Beleidigung, ihre weibliche Identität wird so infrage gestellt. Ein interessantes Phänomen, wozu wir Antworten im Bereich der Psycholinguistik finden. Oder probieren Sie doch mal, ob die Beleidigung in weiblicher Anmutung die volle Wirkung erzielt: »Du bist so eine *widerwärtige und gemeine Drachin.*«

Zu Gast bei Freund*innen

Lieb gewonnene Sprüche im neuen Gewand

Bestimmt sagen Sie auch manchmal so Sätze wie »Wir fahren am Wochenende zu unseren Freunden« oder »Wir haben neue Nachbarn«. Eigentlich ist das Maskulinum falsch, denn höchstwahrscheinlich meinen Sie eine Mischung von Frauen, Männern und Kindern, vielleicht sind auch Genderqueers darunter.

Gehören floskelhafte Sätze nun auch auf den Müllhaufen? Ach was, immer schön locker bleiben. Im privaten Gespräch gehen wir schon im nächsten Satz ins Detail und klären auf:

» *Wir fahren am Wochenende zu unseren Freunden: meine beste Freundin und ihr Mann. Die haben drei Kinder und sind gerade in ihr neues Haus gezogen ...*

oder

» *Wir haben neue Nachbarn. Das ist ein queeres Pärchen. Wir haben letztens schon so nett im Hausflur gequatscht.*

Zu unserem täglichen Sprachgebrauch gehören viele Floskeln und Redensarten. Sogar Werbeslogans, die sich tief in das Gedächtnis eingebrannt haben.

Viele sind im generischen Maskulinum, wie dieser Spruch, der uns auf allen Bildschirmen entgegenflimmert:

» *Zu Risiken und Nebenwirkungen fragen Sie Ihren Arzt oder Apotheker.*

Einmal gendern, bitte! Das ist gar nicht so einfach: »Zu Risiken und Nebenwirkungen fragen Sie in Ihrer Arztpraxis oder Apotheke nach.« Der Schwung im gesetzlich erforderlichen Hinweis ist leider dahin. Inhaltlich richtiger wäre es so schon.

» *Die Polizei - dein Freund und Helfer*

Wer kennt den Spruch nicht. Dabei ist er falsch.

Nicht nur steigen meistens Männer und Frauen aus den Streifenwagen und kommen zu Hilfe. Sogar in beliebten Vorabendserien fahren gemischte Teams zu ihren Polizeieinsätzen raus. Der Fehler liegt hier in der Grammatik. Richtigerweise müsste es heißen: »Die Polizei, deine Freundin und Helferin.« Schwamm drüber, wir müssen nicht an allem herumschrauben.

» *Ich geh zum Arzt/zum Bäcker/zum Italiener.*

In der Genderdebatte taucht immer mal die Behauptung auf, wir könnten solche Ausdrücke nicht mehr sagen. So ein Quatsch.

Wir denken gar nicht daran, das zu korrigieren, also zu gendern. Warum? Weil es sich um eine Ortsbeschreibung handelt. Nach dem Wortsinn steckt eine Person in dem Satz, doch die ist gar nicht gemeint. Oder gehen Sie allen Ernstes in die Backstube, um mit dem Bäckermeister zu sprechen? Es könnte auch eine Bäckerin sein, geschenkt. Tatsächlich ist es so, dass Ihnen die Bäckereifachverkäuferin oder ihr Kollege die Brötchentüte reicht. Genauso gehen Sie »zum Arzt«, wenn Sie nur kurz in der Praxis ein Rezept abholen und Ihre Ärztin nicht mal sprechen wollen. Und »der Italiener« ist ein Restaurant, das einer Frau gehört mit einem Faible für Italien, und in der Küche steht ein Türke. Wenn es drauf ankommt, erzählen wir schon noch genau, was und vor allem wen wir meinen.

Dann gibt es noch so Ausdrücke wie »alle Mann an Bord«. Gendern ist hier einfach: »alle Männer und Frauen an Bord«. Zählen Sie einfach auf, wer alles dazugehört. Das kann lustig sein, auch die Schoßhündchen und die frechen Gören aufzuzählen und wen immer Sie noch zur Bootsparty mitnehmen.

» *Vom Schleudersitz auf den Chefsessel*
Grübel, grübel, müsste es nicht vielleicht Chef*innensessel heißen?

Das Wort enthält die Genderstereotype, dass da immer nur Männer thronen, dabei nehmen immer öfter auch Frauen hier Platz. Gelegentlich haut der Journalismus solche Überschriften raus. Schlimm? Ja, ein bisschen, weil sich mit etwas Nachdenken eine andere schmissige Textzeile finden ließe. Manchmal verliebt sich jedoch eine Redaktion in einen Ausdruck und findet, die Formulierung träfe den Punkt: »Medienmacher von morgen« ist der attraktive Titel einer 3sat-Produktion. »Medienmachende von morgen« wäre auch gegangen, es ist perfekt geschlechtsneutral. Nur ist das Partizip ungewohnt, der Titel klingt sperriger. Tipp aus der Praxis: Wenn zu den porträtierten Medienmachern Frauen gehören, ist es ratsam, dies schon in den ersten Sätzen nach der Überschrift klar zu formulieren. Damit ist wenigstens für die weiblichen Medienmacher die nötige Sichtbarkeit hergestellt.

» *Sie ist Herrin der Lage.*
oder
» *Sie ist die beste Freundin der Tiere.*

Logisch, dass Sie solche Floskeln feminisieren können.

Unsere deutsche Sprache sieht die korrekte Bezeichnung für Frauen und Männer vor. Wenn es nicht passt oder wenn es sich »doof« anhört, dann lassen Sie sich einen anderen Ausdruck einfallen. Die Auswahl an Alternativen ist doch riesig. Nehmen Sie sich diesen Tipp zu Herzen.

sechs

Respekt! Höflichkeit! Divers!

Der Wunsch nach Sichtbarkeit für alle Geschlechter treibt die Genderdebatte voran. Um es genauer zu beschreiben: Es geht um trans Personen, intergeschlechtliche Menschen und Nicht-Binäre und viele weitere, die sich weder dem männlichen noch dem weiblichen Geschlecht zuordnen. Ein Genderzeichen wie Stern, Doppelpunkt oder Unterstrich, zwischen das männliche und das weibliche Wortteil platziert, verdeutlicht die Vielfalt. Der Genderstern hat aufgrund seiner Strahlen die meiste Symbolkraft für Diversität. Der Genderdoppelpunkt macht dem Stern starke Konkurrenz, weil er gefälliger ist und im Schriftbild weniger stört. Doch für den nötigen Respekt im menschlichen Miteinander braucht es über die Sternchenfrage hinaus weitere Hinweise, gerade bei der Sprache. Es ist auch eine Frage der Haltung.

Der, die oder das Diverse

Das Hauptwort geht gar nicht

Was ist eigentlich dieses *divers*? Und sind Menschen, die es betrifft, *Diverse*? Wem das Thema fremd ist, hat vermutlich ein paar Fragen. Es lohnt sich, sie näher zu beleuchten:

Das Bundesverfassungsgericht als oberstes deutsches Gericht hat im Oktober 2017 dem Gesetzgeber die Aufgabe erteilt, im Personenstandsgesetz einen weiteren Geschlechtseintrag neben männlich und weiblich zu ermöglichen. Seit 2013 gab es die Möglichkeit »keine Angaben« zu machen. Doch das war zu wenig und diskriminierend. Was für ein Wort könnte es für die »dritte Option« geben, fragten sich die, die unsere Gesetze machen, und fanden dafür das Wort *divers*. Es ist jedoch nur eine Lösung für den rechtlichen Zusammenhang. Einen Anspruch auf den Eintrag *divers* haben auch nur Menschen, die intergeschlechtlich sind, sie müssen es durch ein ärztliches Gutachten beweisen.

Kaum ist ein Mensch geboren, wird durch einen Blick auf die äußeren Geschlechtsorgane festgestellt, ob es sich um ein männliches oder ein weibliches Kind handelt. Dementsprechend wird das Geschlecht in das Geburtenregister eingetragen. Bei einigen wenigen Neugeborenen ist das Geschlecht nicht eindeutig feststellbar. Manchmal fällt dies auch erst mit der Pubertät auf. Intergeschlechtliche Menschen weisen oft körperliche Merkmale beider Geschlechter auf, wobei es die unterschiedlichsten Erscheinungsformen und Ursachen gibt. Die Geschlechtskategorien *Mann* oder *Frau* lassen sich ihnen nicht so einfach zuordnen.

Geschlechtliche Identität ist von sexueller Orientierung zu unterscheiden. Bei der sexuellen Orientierung geht es um das sexuelle Begehren: Geht jemand heterosexuelle oder homosexuelle Liebesbeziehungen ein? Ist die Person bisexuell, asexuel und so weiter?

Für Verwirrung sorgt gelegentlich die Aufzählung LGBTIQ. Die Abkürzung stammt aus dem Englischen und steht für lesbian, gay, bi, trans, inter, queer. Zum Buchstabenrätsel gesellt sich manchmal ein A für »asexuel«, manchmal ein Gendersternchen oder auch noch ein Plus, um wirklich alle Erscheinungsformen mit zu nennen. Es sieht ganz so aus, als würde sich in Deutschland nun diese Reihenfolge verfestigen: LGBTQIA+. Bei den Buchstaben mischen sich Identität und Orientierung, aber auch weil die sexuelle Orientierung die Identität beeinflusst. Eine Lesbe kann sich als Frau identifizieren oder als nicht-binär. Viele Lesben sagen: »Meine Identität ist lesbisch«, andere nennen sich »queer«. Die geschlechtliche Identität ist dann weiblich bzw. nicht-binär. Eine trans Person kann heterosexuell oder homosexuell sein, das Wort *trans* sagt nichts über ihre sexuelle Orientierung aus.

Transgeschlechtlichen Menschen wurde bei der Geburt ein Geschlecht zugewiesen, sie identifizieren sich jedoch nicht damit. Mithilfe geschlechtsangleichender Operationen und durch Hormongaben werden sie zu dem Mann oder der Frau, die sie immer schon waren. Nicht jede trans Person unterzieht sich einem solchen Eingriff. Entscheidend ist, wie sie selbst ihre Identität definiert.

Eine dritte Gruppe sind nicht-binäre Menschen. Sie sehen sich weder als Mann noch als Frau. Sie empfinden das binäre System der Zweigeschlechtlichkeit als einengend und für sich als nicht passend.

Für trans-, intergeschlechtliche und nicht-binäre Personen wird oft der Begriff *divers* verwendet, er schleicht sich gerade in den allgemeinen Wortschatz ein. Er stammt aus dem Lateinischen und bedeutet: unterschiedlich, verschieden, vielfältig oder auch vielseitig. Jedoch passt der Begriff nicht als Adjektiv für Menschen. Niemand ist *divers*. Es gibt lediglich den Geschlechtseintrag *divers* und den gibt es auch nur für nachweislich intergeschlechtliche Personen. Dementsprechend ist das Adjektiv beispielsweise so zu verwenden: »Personen, die den Geschlechtseintrag divers wünschen.«

Manchmal ist zu lesen, dass Menschen, die hier beschrieben sind, als »die Diversen« bezeichnet werden. Das klingt abfällig. Der Duden kennt bisher auch nur das Wort *die Diverse*. Es zählt zu den bildungssprachlichen Pluralwörtern, die nah am Lateinischen sind. Inhaltlich ist damit gemeint: Vermischtes und Allerlei, oft auch zur Abwechslung als *Diversa* bezeichnet. An anderer Stelle zitiert der Duden den Satz: »Er hatte Diverses zu beanstanden.« Beides bezieht sich nicht auf Personen. Benutzen Sie das Hauptwort bitte auch nur in diesem Sinne.

Ich meine dich

Über den Wunsch nach der korrekten Ansprache

Vielleicht gehören Sie zu den Menschen, deren Name schwierig zu schreiben oder nicht einfach auszusprechen ist. Dann kennen Sie das empörende Gefühl, wenn andere dabei Fehler machen. Insbesondere, wenn dies vermeidbar wäre. Die müssten ja nur fragen und sich dann auch noch die Aussprache merken.

Vielleicht haben Sie auch schon mal einen Brief erhalten, in dem ihr Geschlecht verwechselt wurde. Frauen widerfährt es öfter, dass von einer Behörde oder einem Unternehmen angenommen wird, der Haushaltsvorstand oder Vertragspartner sei ein Mann. Das geschieht zum Glück immer seltener. Ihnen ist es schon mal passiert? Dann wissen Sie, wie sich das anfühlt.

Oder Sie werden vor einer größeren Runde von Menschen aufgrund einer Namensverwechslung statt als Peter als Petra aufgerufen. Wer bekommt da nicht einen roten Kopf und bittet um Korrektur: »Nein, nein, ich heiße Peter.«

Name und Geschlecht sind ausgesprochen bedeutsam. Identität ist ein sehr starker Faktor der Persönlichkeit. Wir wollen alle so wahrgenommen werden, wie wir sind. Die korrekte Ansprache ist deshalb enorm wichtig.

Menschen, die aus dem Raster der Zweigeschlechtlichkeit fallen, erleben häufiger fehlerhafte Bezeichnungen in Form von »Misgendern«: Die Ansprache passt nicht zur eigenen Geschlechtsidentität. Dass die Person trans oder nicht-binär ist, wird ignoriert oder negiert. Manchmal aus Unwissenheit oder Unsicherheit, manchmal als bewusster und aggressiver Akt des Nichtwahrhabenwollens.

Nicht gesehen zu werden oder falsch »gelesen« zu werden, ist verletzend. Misgendern wird oft als psychischer Stress empfunden, es trägt zur Stigmatisierung bei. Studien sprechen von depressiven Symptomen, Suizidgedanken oder gar suizidalen Handlungen.

Bei der Genderdebatte geht es darum, die Lebenssituation der Betroffenen zu verbessern - durch sprachliche Sichtbarkeit. Die Gesellschaft soll realisieren, dass es mehr als zwei Geschlechter gibt. Der Genderstern mit seinen vielen Strahlen symbolisiert die geschlechtliche Vielfalt. Es reicht jedoch nicht, Texte mit Gendersternchen zu versehen. Um Misgendern zu verhindern, ist ein wertschätzender Umgang wichtig.

Es lauern einige Fettnäpfchen. Dazu zählen:

» In einer Versammlung nur Männer und Frauen zu begrüßen.
» Eine trans Person mit ihrem abgelegten Vornamen zu nennen.
» Einfach er oder sie zu sagen, ohne zu wissen, ob das Pronomen stimmt.

Was hilft?

» Sagen Sie zur Begrüßung einer großen Runde von Menschen einfach nur so etwas wie: »Schön, dass Sie alle da sind …« Die direkte Anrede ist geschlechtsneutral.
» Fragen Sie eine trans Person nicht nach ihrem früheren Namen, dem sogenannten »dead name«. Respektieren Sie den Namen, mit dem sich die Person vorgestellt hat.
» Trauen Sie sich zu fragen: Mit welchem Pronomen soll ich dich oder Sie ansprechen? Die meisten empfinden die höfliche Nachfrage als sensibel und fühlen sich gesehen.

Sie haben im Gespräch versehentlich »misgendert«? Sagen Sie kurz »Sorry. Entschuldigung!« und weiter geht's, bleiben Sie beim eigentlichen Thema. Bitte machen Sie kein großes Ding daraus. Bringen Sie die andere Person nicht in die Verlegenheit, mehr erklären zu müssen als notwendig oder Ihnen gar die Entschuldigung abnehmen zu müssen.

Ein wenig kompliziert wird es beim Siezen. Dazu gehört die Anrede: *Frau Müller, Herr Maier.* Was tun, wenn sich die Person als nicht-binär versteht, sich also weder als Frau noch als Mann sieht? Dann sagen Sie eben Vorname und siezen oder sagen Vor- und Nachname und siezen: »Sascha Meier, was kann ich für Sie tun?« Problem gelöst.

Schön, dass Sie alle da sind!

»Sehr geehrte Damen und Herren« ist doch von vorgestern

»Willkommen an Bord!«, heißt es seit Juni 2021 bei der Lufthansa. Die größte deutsche Airline hat sich bewusst für eine geschlechtsneutrale Begrüßung entschieden. Nur »Damen und Herren« willkommen zu heißen, ist ihr zu wenig. Das ist doch mal sehr aufmerksam. Es hat sich nämlich schon herumgesprochen, dass beim Auftakt zu gemeinsamen Veranstaltungen - ein mehrstündiger Flug ist ja auch ein Gemeinschaftserlebnis - auf alle Geschlechter eingegangen werden sollte.

Möglich wäre es auch zu sagen: »Sehr geehrte Damen und Herren! Wir begrüßen auch Menschen aller Geschlechter! Liebe Kinder!« Dann sind alle genannt, so eine Aufzählung ist aber irgendwie zu viel des Guten. Einfacher geht es mit der direkten Anrede, locker-flockig, freundlich und zugewandt. »Ich heiße Sie alle willkommen! Guten Flug!«

Die Begrüßung »Sehr geehrte Damen und Herren« war nicht immer eine Selbstverständlichkeit. Im Dokumentarfilm »Die Unbeugsamen« berichtet die 85-jährige SPD-Politikerin Elisabeth Haines von einer diskriminierenden Erfahrung aus ihrem sehr lang zurückliegenden Jurastudium. Weil der Professor die wenigen Studentinnen ihres Semesters partout nicht wahrnahm, setzten die sich bei den Vorlesungen demonstrativ in die erste Reihe. Dem Professor war das egal, er begrüßte die Versammelten weiterhin nur mit einem »Meine Herren«. Wahrlich kein Einzelfall, viele ältere Akademikerinnen haben ähnliche Erinnerungen.

Vielleicht kennen Sie auch die Peinlichkeit, wenn es schon in der Begrüßung zum Thema gemacht wird, dass sich in einer Männerrunde eine Frau befindet: »Sehr geehrte Herren, ich begrüße auch die Dame hier bei uns ...« oder wenn ein angeblich einsamer Mann unter lauter Frauen sitzt: »Sehr geehrte Damen und sehr geehrter Herr!« Schwups, drehen sich alle Köpfe zu ihm um. Nun haben es alle mitgekriegt: Hier ist ein Fremdkörper unter uns. Freundlicher ist es, die Anwesenden alle gleichermaßen zu begrüßen.

Welche Lösungen bieten sich an? »Meine sehr verehrten Damen und Herren!« klingt altmodisch. Die Studentinnen von einst wünschten sich ausdrücklich vom Professor begrüßt zu werden, immerhin hatten sie sich Zugang zu einer Männerdomäne erkämpft. Heute läuft der Wunsch nach Gesehenwerden dahin, niemand hervorheben zu wollen. Alle sollen sich gleichermaßen erwünscht fühlen, niemand soll eine Sonderrolle spielen.

Die inzwischen angesagte Art der Begrüßung ist geschlechtsneutral. Das geht sogar recht förmlich: »Sehr verehrtes Publikum!« Lässiger wäre es zu sagen: »Willkommen allerseits. Schön, dass Sie so zahlreich erschienen sind«. Denken Sie sich selbst etwas Herzliches aus. Wir müssen nicht bei Formalien stehen bleiben.

Mehr als eine Sprechmarotte

Warum der Mut zur Lücke Erklärungsbedarf hat

Als das Sprechen mit Lücke aufkam - für Personenbezeichnungen mit einem Genderzeichen in ihrer Mitte -, haben viele ihren Ohren nicht getraut. Sie dachten: »Warum reden die Leute so komisch? Irgendwie klingt es so, als sprächen die die ganze Zeit von Frauen. Haben die einen Sprachfehler? Warum verschlucken die sich andauernd?« Und so weiter. Die Verwunderung war groß. 2020 war dann mehr und mehr auch im Radio und Fernsehen diese Sprechweise zu hören. Prompt hagelte es in den Sendeanstalten Protestbriefe.

Irgendwann tauchte zur Erklärung das Wort *Glottisschlag* auf oder auch *glottaler Verschlusslaut*. Wie bitte, was ist das denn nun schon wieder? Manche übersetzten es mit *Knacklaut* und versuchten auch gleich, das Knacken in Wörter mit Genderstern einzubauen. Nicht doch. Es ist einfach ein minimaler Stopp zwischen dem ersten Wortteil und der angehängten femininen Endung *-in* im Singular oder *-innen* im Plural.

Davon zu unterscheiden ist die übliche Verwendung der femininen Endung: Das Anhängsel *-innen* ist, wenn es um feminisierte Wörter geht, keine eigene Silbe, sondern wird an den letzten Buchstaben des maskulinen Wortes angehängt. Es verschmilzt mit diesem zu einer Silbe, sehr einfach zu erkennen, wenn wir an die Silbentrennung denken: *Kolle-ginnen, Kun-dinnen, Lehre-rinnen, Reite-rinnen.* So sprechen wir auch: Der letzte Konsonant wird »rübergezogen«.

Mit Blick auf die femininen Endungen kritisiert der Linguist Prof. Peter Eisenberg die Erfindung der Minisprechlücke für die Genderzeichen. Das Deutsche kenne den glottalen Verschlusslaut bisher nur als sogenannten »Hiat« bei Fremdwörtern wie *naiv* oder *Poet,* wo zwei Vollsilben mit Vokalen aufeinandertreffen. Schon die Aussprachelehre der Antike habe dies als unelegant und unbequem erkannt und empfohlen, solche Konstruktionen zu vermeiden. Im Übrigen würden bei den Genderzeichen gar keine Silben aufeinandertreffen.

Nun ja, Sprache wandelt sich mit den Menschen, die sie anwenden. So wie Genderstern & Co. in der Mitte positioniert sind, gleicht das Anhängsel *-innen* aussprachetechnisch einer Silbe. Außerdem: Wenn es schon den Hiat gibt, dann können Deutschsprechende ihn auch aussprechen, nicht nur in Fremdwörtern. Denken wir an *beieinander* oder *beatmen*, an *Spiegelei* oder *vereisen*. Sehr deutsche Wörter, die eine Kunstpause beim Sprechen brauchen oder ohne Minilücke ihren Sinn verändern.

Die Kunst besteht allerdings darin, anstelle des gewohnten *Lehre-rinnen* das ein wenig anders zu sprechende *Lehrer*innen* über die Lippen zu bringen. Dabei darf der hintere Wortteil nicht überbetont werden, was meist passiert, wenn mit voller Konzentration auf die richtige Aussprache geachtet wird. Am besten ist es, diese neuen Wörter oft zu benutzen, damit sie elegant fließen - mit Hiat - und wie selbstverständlich klingen. Üben hilft. Aber Vorsicht: Wenn es wirklich mal nur um Lehrerinnen geht, dann muss das korrekt und ohne Minilücke gesprochen werden.

Nachdem nun also die Wörter aussprachemäßig gut funktionieren, wird der kleine Unterschied beim Hören gut wahrgenommen und ist eventuell erklärungsbedürftig. Was soll das Ganze? Die Auslassung steht für die Vielfalt der Geschlechter, für die es viele Wörter braucht, um genauer zu erklären, was damit gemeint ist. Da ist es doch schön einfach, eine Pause im Wort einzulegen. Manche sagen sogar: »Ich denke einen Moment kurz nach.« Geschrieben steht an der Stelle im Wort meist ein Genderstern, manchmal ein Doppelpunkt, seltener der Unterstrich genannt Gendergap. Ja, sogar das Binnen-I könnte so gesprochen werden, hat Prof. Luise F. Pusch, Mitbegründerin der feministischen Linguistik, erklärt, lange bevor der Genderstern aufkam.

Das typografische Zeichen als Wort selbst aussprechen will niemand, daher der glottale Stopp. Die digitalen Vorleseprogramme für Blinde und

Sehbehinderte machen das jedoch meistens (noch). Sie lesen: »Lehrer Stern innen«. Es nervt schon sehr, wenn das allzu oft vorkommt, weil Autor*innen zu viele Sternchen in ihren Text platziert haben.

Wenn Sie zu den Menschen gehören, die mit Glottisschlag sprechen, wäre es vielleicht eine gute Idee, gelegentlich zu erklären, warum Sie so reden. Insbesondere dann, wenn Sie in fragende Gesichter schauen. Oder wenn Menschen schon ansetzen, wütend zu werden. Es ist ja keine Marotte, so zu sprechen, sondern enthält eine gesellschaftspolitische Botschaft.

Die Debatte um den Genderstern ist oft eine Generationenfrage. Durch Fernsehen und Radio haben zwar alle schon mal das Sprechen mit der Minilücke gehört. Aber warum und wieso das gemacht wird, ist vor allem Älteren nicht klar. Sie empören sich über diese merkwürdige Ausdrucksweise: Was fremd ist, stört.

Die Rapperin Sookee, in der Queercommunity zu Hause, empfindet das Sternchen als einen Hinweis voller Leuchtkraft: »Hier kommt meine Gelegenheit, mich zu finden, ich zu sein, mich zu definieren.« Sookee sieht den Stern als solidarischen Akt, weitere Gender in die feministische Auseinandersetzung einzuladen. »Jetzt ist genau die Gelegenheit zu sagen: Alle mit dazu!« Die Linguistin Luise F. Pusch ist dagegen von der Entwicklung hin zum Genderstern wenig begeistert. Der Stern führe zu einer Trennung hinter dem Wortstamm und verschiebe die Frauen mit dem Anhängsel *-innen* ans Ende: »Sie finden sich genau da wieder, wo sie sich immer schon befunden haben: als 2. Wahl.« Die Doyenne der feministischen Sprachkritik sah das von ihr mitentwickelte und jetzt verstoßene Binnen-I immer als Fusion und als Angebot zur Überwindung der Geschlechtergrenzen von Mann und Frau. Die Begegnung der beiden bei der Feministischen Sommeruni 2018 in Berlin war übrigens ein gelungener Gedankenaustausch zwischen den Generationen, ohne jede Häme. Pusch ist fast 40 Jahre älter als Sookee. Die Podiumsdiskussion ist nachlesbar in einem handlichen Büchlein vom Querverlag.

Sie wollen vor einem größeren Publikum sprechen und dabei den Glottisschlag benutzen? Dann ist das Ihre Chance, darüber aufzuklären, beispielsweise bei einer Familienfeier oder Abiturfeier. Da ist für gewöhnlich eine bunte Mischung von Menschen, Alt und Jung, mit auseinanderdriftenden Vielfalt von Lebenserfahrung. Nehmen Sie sich zu Beginn Ihrer Rede Zeit, über Diversität und Geschlechtergerechtigkeit zu sprechen. Erklären Sie den glottalen Verschlusslaut und die Ähnlichkeit zum generischen Femininum und dass es nicht schlimm ist, beim Hören mal zu glauben, es ginge nur um Frauen. Dieses Übersetzen des Gehörten - »Ich bin mitgemeint« - leisten Frauen beim generischen Maskulinum stets und ständig.

Weisen Sie darauf hin, dass sich bei der Feier Gespräche mit jüngeren Menschen ergeben könnten, die ganz selbstverständlich mit dieser Minilücke sprechen. Allen, die die Sprechweise bisher nicht kannten, hilft es, dass Sie erklärt haben, was dies bedeutet. Nach einem solchen Intro können Sie sicher sein, dass Sie alle gut verstehen. Wechseln Sie auch zu anderen Varianten geschlechtergerechter Sprache. Zu oft mit der Minilücke zu sprechen, ist anstrengend, auch beim Zuhören. Und entspannen Sie sich: Perfektion erwartet niemand. Wir sind mitten in einem Sprachwandel und haben bisher keine allumfassende Lösung gefunden. Sie und die Sache können nur gewinnen.

Hey they

Wenn uns Wörter fehlen

Sehr praktisch bei der deutschen Sprache sind Pronomen. Damit können wir uns abwechslungsreich ausdrücken und Wörter und ganze Sätze miteinander in Beziehung setzen.

» *Sascha Petersen freute sich über ihre Einkäufe. Sie zeigte sie ihrer Freundin: Endlich hatte sie den geeigneten Aufsatz für ihre Bohrmaschine ergattert.*

Für Frauen haben wir *sie, ihr* und *die* zur Verfügung, für Männer *er, sein, ihm* und *der*, jeweils gebeugt (*ihre, ihn,* usw.).

In der dritten Person Singular markieren diese Pronomen zugleich das Geschlecht - im binären System. Wenn es aber um Menschen geht, die die Zuordnung zu Frau und Mann für sich ablehnen, weil sie nicht-binär sind, dann haben wir ein Problem: Es fehlt ein passendes Pronomen. Menschen, die weder männlich noch weiblich sind, möchten nicht mit *er* oder *sie* bezeichnet werden. Wir brauchen für sie Pronomen ohne Geschlecht.

Moment mal, denken Sie vielleicht. Es gibt im Deutschen drei grammatische Geschlechter: *er, sie, es*. Nicht-binäre Menschen lehnen das *es* jedoch als diskriminierend ab. Meistens wird *es* für Gegenstände, die Linguistik nennt sie »unbelebte Wörter«, und damit geschlechtslos verwendet: *das Haus, das Buch, das Wort*. Gelegentlich dient es geschlechtsneutralen Personenbezeichnungen wie *das Mitglied*, für unreife weibliche Wesen *das Mädchen*, für die ungehörige Frau *das Weib*, oder auch abwertend für das Kindliche im Mann: *das Jüngelchen, das Männchen*.

Die detailreiche und empfehlenswerte Website nonbinary.ch klärt auf:

»Non-binäres Geschlecht sagt nur etwas über die Geschlechtsidentität einer Person aus, aber nichts über die Merkmale des Körpers, das Erscheinungsbild, die sexuelle Orientierung oder Geschlechterrollen.«

In anderen Sprachen als dem Deutschen ist es einfacher. Zum Beispiel Schwedisch: Mit dem Outing vieler nicht-binärer Menschen kam das sprachliche Vakuum beim Pronomen zutage und wurde innerhalb kurzer Zeit gefüllt. Im Schwedischen steht *han* für *er* und *hon* für *sie*. Das dritte Pronomen *hen* tauchte zuerst in einem Kinderbuch auf, die Queercommunity griff es auf, eine große, öffentliche Tageszeitungsdiskussion machte es populär. Schließlich sprach sich auch der Schwedische Sprachrat dafür aus und jetzt ist *hen* eine der Hauptformen - auch in Schulbüchern.

Englisch ist ein weiteres Beispiel: Hier wurde das Pronomen *they/them* aus der Versenkung geholt. Eigentlich ist *they* im Plural im Gebrauch. Als Einzahlpronomen wird es nun für Menschen verwendet, die sich nicht eindeutig dem männlichen oder weiblichen Geschlecht zuordnen; es steht gleichberechtigt neben *she/her* und *he/him*. Die »American Dialect Society« kürte *they* 2015 zum *Wort des Jahres* und 2020 sogar zum *Wort des Jahrzehnts*. So bedeutsam war es im englischsprachigen Raum geworden und so intensiv wird es bereits von der Sprachgemeinschaft wahrgenommen.

Bleibt das sprachliche Problem im Deutschen. Findige Menschen haben sogenannte »Neopronomen« entwickelt. Eine erstaunliche Vielfalt findet sich online im »Nicht-binär Wiki«. Da gibt es Vorschläge von wortwörtlich *a* bis *zet*. So auch *em, eos, nin, per* und viele mehr.

Der bekannteste Vorschlag ist *xier* von Illi Anna Heger. Seit 2009 entwickelt Illi Anna Heger Pronomen ohne Geschlecht. Ansonsten skriptet und zeichnet Heger Comics und Graphic Novels und sagt über sich: »nichtbinär, auf dem transmaskulinen Spektrum und benutzt xier, they oder sie Pronomen.«

Hegers Vorschlag enthält drei Grundformen und setzt die Aussprache gleich dazu:

xier [ksiːɐ̯] - Personalpronomen anstelle von *sie* und *er*
xies [ksiːz] - Possessivpronomen anstelle von *ihr* und *sein*
dier [diːɐ̯] - Artikel und Relativpronomen anstelle *die* und *der*

Auf der Website annaheger.de sind mehrere Grammatiktabellen und Pronomenbausätze hinzugefügt. Diese sind hilfreich, um die Systematik dieser Pronomen ohne Geschlecht zu verstehen. Heger weist darauf hin, dass sich die verschiedenen Pronomenversionen immer mehr verbreiten. *Xier, sier, sif* und alle ihre Deklinationsformen seien bereits in Artikeln, Büchern, Kurzgeschichten oder Filmen zu finden.

Da das *they* in englischsprachigen Produktionen von Spielen, Comics, Serien etc. immer öfter im Einsatz ist, ist die deutsche Synchronisation darauf angewiesen, adäquate Lösungen wie diese zu finden.

Alle Vorschläge für das Deutsche haben eines gemeinsam: Sie sind eine künstliche Konstruktion und bisher nur wenig bekannt. Es wird schwierig werden, sie populär werden zu lassen. Das schwedische *hen* dagegen fügt sich harmonisch ins bisherige Sprachgeschehen ein. Und auch das englische *they* erscheint weniger weit hergeholt. Das ist wirklich Pech für das Deutsche.

Nichtsdestrotrotz brauchen wir einen sprachlichen Umgang. Die nicht-binäre Community bittet um eine möglichst geschlechtsneutrale Ausdrucksweise: Wenn Gender keine Rolle spielt, sind einfach alle gemeint. Soll es in einem Text um eine konkrete nicht-binäre Person gehen, so sind Pronomen komplett zu vermeiden. Der Wunsch nach Entgenderung ist zu respektieren.

Das oben genannte Beispiel würde dann so lauten:

» *Sascha Petersen freute sich über die Einkäufe. Sascha Petersen zeigte sie der Freundin: Endlich hat Sascha Petersen den geeigneten Aufsatz für die Bohrmaschine ergattert.*

Diese Lösung arbeitet mit der Wiederholung des kompletten Namens als Ersatz für das Pronomen. Possessivpronomen entfallen. Der Text wirkt etwas steif. Es geht aber auch geschmeidiger:

» *Die erfolgreichen Einkäufe freuten Sascha Petersen. Sascha zeigte der Freundin das Gekaufte: »Endlich habe ich den geeigneten Aufsatz für die Bohrmaschine ergattert.«*

Der Text wechselt die Position der Namensnennung ab und erlaubt sich beim zweiten Mal, nur den Vornamen zu nennen. Statt mit dem Possessivpronomen einen Bezug zu den Einkäufen herzustellen, wird an ihre Stelle ein Partizip als Synonym gesetzt. Die direkte Rede macht weitere Pronomen überflüssig.

Die Lehre daraus: Wenn in Ihrem Text nicht-binäre Personen eine Rolle spielen, stellen Sie sich darauf ein, Pronomen wegzulassen und mit sprachlicher Fantasie für angenehme Lesbarkeit zu sorgen. Das geht.

Nachdem das geklärt ist, sei noch verraten: Einige nicht-binäre Menschen benutzen herkömmliche Pronomen für sich. Vielleicht, weil sie keine Lust auf Komplikationen mit Neopronomen haben oder weil sie es ihren Mitmenschen nicht allzu schwer machen wollen. Oder weil die Pronomen *sie/ihr* oder *er/ihm* für sie stimmen. Einige versuchen sogar, *es* zu etablieren, und dieses Pronomen positiv zu besetzen. Schwierig am *es* ist, dass der Dativ *ihm* lautet und damit männlich klingt, ebenso wie das dazugehörige Possessivpronomen *sein*. Die Suche nach der passenden Lösung ist nicht abgeschlossen. Und wird es vielleicht auch nie sein.

Gut zu wissen: Wenn sich jemand als nicht-binär vorstellt, gebietet es der Respekt, zurückzufragen: »Welches Pronomen?« Und im Gegenzug die eigenen Pronomen zu nennen, selbst wenn Sie denken: »Das ist doch klar bei mir.« In der Kurzbio auf Twitter oder Instagram schreiben nichtbinäre Menschen oft einen Hinweis auf die gewünschten Pronomen. Ein Akt der Solidarität ist es, als sogenannte cis Person, die sich mit dem bei der Geburt festgestellten Geschlecht männlich oder weiblich wohlfühlt, ebenfalls auf die Pronomen hinzuweisen. Das liest sich dann so: *(he/him)* oder *(she/her)* oder auch mal *(sie/she)*. Sich über die gewünschten Pronomen auszutauschen, ist einfach nur fair.

Auf der Suche nach einer neuen Sprache

Sollten wir das Deutsche entgendern?

Was wäre es doch schön, wir hätten eine ganz einfache Lösung für das Gendern. In der Debatte um eine geschlechtergerechte Sprache wird deshalb häufig auf die englische Sprache verwiesen. Nele Pollatschek zum Beispiel warf dies via *Tagesspiegel* begeistert als ultimative Lösung in den deutschen Diskurs. Bei einem längeren Aufenthalt in Großbritannien hatte sie die Vorteile kennengelernt. Sie möchte auch nur als »writer«, als »Schriftsteller« bezeichnet werden. Ihr Geschlecht spiele keine Rolle.

In der englischen Sprache sind die Personenbezeichnungen geschlechtsneutral: »A doctor is a doctor.« Die Artikel *the* und *a* verraten noch nichts. Erst im nächsten Satz wird durch ein Pronomen das Geschlecht geklärt: »She is a specialist in dermatology.« Oder: »He told me to stay at home.« Feminine Bezeichnungen wie *actress* oder *poetess* wurden als diskriminierend des Platzes verwiesen. Genauso haben wir uns im Deutschen die abwertenden Begriffe *Friseuse* und *Masseuse* abgewöhnt. Im Englischen muss nicht viel für eine gendergerechte Sprache getan werden. Einige Wörter stehen aber auf dem Index: Zum Beispiel soll statt *mankind* nun *humankind* gesagt werden.

Nele Pollatschek ist wichtig: Es zählt der Mensch und nicht das Geschlecht. Schön wär's, wir wären da schon, denn dann würde, so ihre These, niemand mehr aufgrund des Geschlechts diskriminiert.

Betrachten wir dazu Sprachen, die kein Genus kennen. Bei einem Partygespräch auf Finnisch kann es zum Beispiel vorkommen, dass das Geschlecht der Person, um die sich die Unterhaltung dreht, bis zum Ende nicht geklärt wird. Genauso wäre es auf Ungarisch oder Türkisch. Doch während die Gesellschaftsordnung in Finnland als fortschrittlich bezeichnet werden darf, geht es in Ungarn und in der Türkei vergleichsweise recht patriarchal zu. Sprache kann gesellschaftliche Verhältnisse abbilden, muss es aber nicht. Vor allem kann Sprache allein keine Veränderung bewirken. Der Erfolg der deutschen Genderdebatte ist nur deshalb so groß, weil es bei uns um Anpassung der Sprache an die erlebte Wirklichkeit des gesellschaftlichen Fortschritts geht.

Manchen gehen weder die liberalen Ideen, wie mit sanften Methoden mehr Geschlechtergerechtigkeit in die Sprache kommt, noch die dogmatischen Genderversuche weit genug. Sie arbeiten an Vorschlägen und Ideen, um das Geschlecht aus der deutschen Sprache ganz zu vertreiben. Ihre Richtung heißt: Entgendern.

Ens von Lann Hornscheidt

Prof.ens Dr.ens Lann Hornscheidt ist bekannt geworden mit dem Titel *Profex* an einem *Lehrstuhl für Gender und Sprachanalyse an der Humboldt-Universität zu Berlin.* Zusammen mit Lio Oppenländer entwickelte Hornscheidt zunächst das Anhängsel *-x*. Es steht für »Exit Gender«, für das Verlassen der Zweigeschlechtlichkeit. Eine Person, die so bezeichnet wird, verstehe sich als »entzweigendert«, als nicht weiblich oder männlich.

Seit der Kündigung der Stelle an der Universität 2017 ist Lann Hornscheidt weiter auf dem Gebiet der Sprachwissenschaft und Genderstudies tätig. »Ich habe Gender als Identitätskategorie verlassen, verstehe mich als genderfrei«, sagt Lann Hornscheidt. Dazu passt die Weiterentwicklung zu *ens*, das Mittelstück aus dem Wort *Mensch*. Eine sympathische Lösung. Die Idee ist, den »Menschen als Menschen« anzusprechen und sich nicht so sehr um die vielfältigen Formen der Geschlechtlichkeit zu kümmern. *Bürgens* zum Beispiel könnte *den Bürger* und *die Bürgerin* ersetzen.

Im 2021 erschienen Praxishandbuch zu Gender und Sprache »Wie schreibe ich divers? Wie spreche ich gendergerecht?« präsentieren Lann Hornscheidt und Ja'n Sammla eine interessante Vision einer diskriminierungsfreien Sprache. Darunter innovative Vorschläge für genderfreie Formen, für die Platzierung von Genderzeichen im Wort und für die Schreibweise genderinklusiver Artikel und Pronomen.

Dass *-ens* mehr noch als Genderstern & Co. mit Gewohntem bricht, findet Lann Hornscheidt nötig: »Herkömmliche Sprache zementiert ein Geschlechtersystem. Wenn wir aus dem aussteigen wollen, bedarf es auch sprachlich größerer Änderungen«, erklärte Hornscheidt gegenüber der österreichischen Tageszeitung *Der Standard*.

Entgendern nach Phettberg

Ärzty, Demonstranty, Fahry - was wie ein Kinderspiel mit Geheimsprache klingt, ist ein ernst gemeinter Vorschlag. Thomas Kronschläger, Sprachwissenschaftler an der TU Braunschweig, hat ihn ins Spiel gebracht: Bei Personenbeschreibungen wird die geschlechtsmarkierende Endung durch ein *y* ersetzt - auch bei maskulinen Wörtern. Kronschläger nennt seine Methode »Entgendern nach Phettberg«.

Der österreichische Aktionskünstler, Schauspieler und Schriftsteller Hermes Phettberg nutzt diese geschlechtsneutrale Ausdrucksweise seit zwanzig Jahren in Kolumnen für die linksliberale Wochenzeitung *Falter*. Er nennt seine Leser*innen einfach *Lesys*. Thomas Kronschläger hat zur Korpusanalyse sämtliche Kolumnen seit 1992 durch ein Softwaretool geschickt und will schon bald eine Systematik der Phettberg-Sprache veröffentlichen. Bis dahin präsentiert er die Methode vorrangig auf Science-Slams und diskutiert sie mit seinen Studierenden.

»Niedlich« ist ein ganz üblicher Kommentar auf die Phettberg-Methode. Das stimmt für *Gottys*, aber weniger für *Terroristys* und *Mördys*. Kronschläger möchte alle Menschen gleich ansprechen, egal ob männlich, weiblich oder nicht-binär. Gegenüber dem Redaktionsnetzwerk Deutschland erklärte der Sprachwissenschaftler: »Für diese Intention bedarf es der Verwendung neuer Formen, weil wir das sonst nicht versprachlichen können.«

Verein für geschlechtsneutrales Deutsch

Gendern nervt - sogar die, für die der Genderstern gedacht ist. Sternchen hier, Sternchen da und eigentlich nur im Plural mühelos einzusetzen: Die damit verbundenen Schwierigkeiten haben zur Gründung des Vereins für geschlechtsneutrales Deutsch geführt. Sein Ziel ist, ein System zu entwickeln, das alle Geschlechter miteinbezieht. Es soll in der gesprochenen wie auch in der geschriebenen Sprache gut funktionieren, mühelos erlernbar sein und leicht über die Lippen gehen.

»Varianten wie das Gendersternchen halten wir für eine geeignete Übergangslösung, sehen darin allerdings kein langfristiges Ergebnis«, sagte Vereinsmitglied Averyn Hiell dem Onlineportal *Zeitjung*. Bei Umfragen in der Community, die sich zu Hunderten in Internetforen dazu austauscht, konnten bereits Vorlieben erkannt werden: Beim bestimmten Artikel bevorzugen die meisten die Variante *de,* bei Substantiven ist das Anhängen eines *-e* eine präferierte Lösung: Aus *der Lehrer* oder *die Lehrerin* wird *de Lehrere*. Der Plural endet auf *-erne: die Lehrerne*.

Vereinsmitglied Marcos Cramer gibt zu, das vorgestellte De-E-System ist noch nicht der Weisheit letzter Schluss. Auf dem Onlineauftritt des Vereins geschlechtsneutral.net können die Fortschritte für einen kollektiv ausgearbeiteten Vorschlag verfolgt werden. Der Weg zu einer neuen, intuitiven Sprache ist weit.

Solche Gedankenspielereien zur Sprache sind schön und gut. Die große Mehrheit der Deutschsprechenden wird davon kaum zu überzeugen sein. Wir sehen doch jetzt schon, wie gewaltig der Sturm um den kleinen Genderstern tobt.

Von wegen alles inklusive

Wie können wir barrierefrei gendern?

Hin und wieder taucht der Hinweis auf ein wenig beachtetes Problem auf: Gendern sei nicht barrierefrei. Ganz konkret schließe es eine Reihe von Personen aus:

» Sehbehinderte und Blinde
» Menschen mit Lese-Rechtschreib-Schwäche
» Menschen mit Autismus oder Asperger-Syndrom
» Menschen, die Deutsch als Fremdsprache lernen
» Menschen mit eher einfacher Sozialisation und geringen Bildungschancen

Das ist ein ernst zu nehmender Einwand. Manchmal klingt es, als ginge es darum, marginalisierte Gruppen gegeneinander auszuspielen: Menschen mit Einschränkungen gegen Menschen, die Sichtbarkeit für geschlechtliche Vielfalt wünschen. Die Frage ist, lässt sich das ändern? Ein Sprachwandel hin zu einem rücksichtsvollen, sensiblen Sprachgebrauch muss sich bemühen, alle Menschen mitzunehmen.

Kritik am Gendern entzündet sich immer zuerst am Genderstern. Viele, viele Sternchen, scheinbar beliebig über Texte gestreut, machen sie unleserlich. Damit haben alle Menschen Verständnisschwierigkeiten, die Hochgebildeten genauso wie die, die kognitiv eingeschränkt sind. Menschen mit Autismus oder mit geringem Bildungsgrad, auch sie können sich an zu vielen Sternchen stören. Machen wir es bitte allen einfach und halten uns mit der Sternchenflut zurück. Darum immer und immer wieder der Ratschlag, den Genderstern sparsam und gezielt einzusetzen - am besten nur im Plural, um das Sternchenchaos bei bestimmten und unbestimmten Artikeln, Adjektiven und Pronomen zu vermeiden. Wer geschlechtsneutral schreibt und an Personen im Text spart, vermeidet die Inflation von Sternchen.

Die Blinden haben sich längst über den Deutschen Blinden- und Sehbehindertenverband zu Wort gemeldet. Sie favorisieren den Genderstern anstelle des Genderdoppelpunktes, bitten aber dringend um Mäßigung im Gebrauch. Die Sehbehinderten haben angemerkt, dass sie den Genderdoppelpunkt mitten in Personenbeschreibungen nur schlecht im Schriftbild erkennen.

Ein weiterer Ratschlag für geschlechtergerechtes Schreiben lautet: Mache Umschreibungen, arbeite mit Abstraktionen und Relativsätzen. Nebeneffekt eines solchen Schreibstils kann sein, dass er Texte kompliziert macht. Passen Sie auf, sonst wird es für Menschen mit Lese-Rechtschreib-Schwäche oder auch für die, die erst noch Deutsch lernen, schwierig. Aber das generische Maskulinum hilft ihnen auch nicht weiter. Es gibt viel zu viele Texte im herkömmlichen, männlich orientierten Schreibstil, die schwer verständlich sind. Der Maßstab muss sein, so zu schreiben, dass möglichst alle den Inhalt kapieren.

Und um mal wieder eine Lanze fürs Gendern zu brechen: Das Nachdenken über die Möglichkeiten des Deutschen bringt uns dazu, unsere Sprache besser kennenzulernen und so lange mit Formulierungen zu spielen, bis sie leicht eingängig sind. Insofern nutzt auch das verfemte Gendern Menschen mit Verständnisschwierigkeiten.

Es ist im Übrigen falsch, anzunehmen, dass Menschen, die Deutsch als Fremdsprache lernen, wissen, dass sich im Wort *Ärzte* zu 50 Prozent Frauen verstecken oder dass in Deutschland nicht nur Männer *Steuerzahler* sind. Sie müssen erst lernen, dass sie über den Wortsinn hinaus Frauen mit hinein lesen müssen. Ihre Muttersprache regelt das möglicherweise anders. Genauso gut können sie die simple Wortbildung femininer Personenbeschreibungen mit dem Anhängsel *-innen* im Deutschen verstehen und anwenden.

Schwieriger beim Spracherwerb ist die Frage, wo der Genderstern bei Artikel, Adjektiven und Pronomen im Singular hin soll. Dafür gibt es keine offiziell anerkannten Regeln. Wie, bitte schön, sollten Lehrkräfte im Deutsch-als-Fremdsprache-Unterricht dies dann vermitteln? Darum immer wieder der gute Rat: Keine Sternchen bei Begleitwörtern im Singular.

Die Bedeutung des Gendersterns als symbolischer Platzhalter für alle Geschlechter ist Deutschlernenden schnell erklärt. Beim Verständnis für queere Lebensentwürfe oder die Infragestellung des binären Geschlechtersystems ist jedoch unter Umständen eine kulturell anders geprägte Einstellung ein Hindernis. Aber dass ein Stern mitten im Wort prangt, könnten alle als ein typisches Phänomen des Deutschen hinnehmen.

Kommen wir zum Sonderfall Leichte Sprache. Sie wendet sich an Menschen mit kognitiver Beeinträchtigung. Auch bei gewissen Formen von Seh- und Hörbeeinträchtigung, bei Demenzerkrankung oder funktionalem Analphabetismus hilft sie, Geschriebenes verständlich zu machen. Leichte Sprache verwendet ausschließlich leichte und bekannte Wörter. Notwendige Fremdwörter und Fachbegriffe werden erklärt. Es gilt, kurze Sätze von sechs bis acht Wörtern im einfachen Satzbau von Subjekt, Prädikat, Objekt zu bilden. Jeder Satz enthält nur einen Gedanken. Schwierige Konstruktionen mit Passiv oder Konjunktiv werden vermieden. Ebenso wird auf Verneinungen verzichtet und alles positiv formuliert.

Texte in Leichter Sprache sind immer eigene Schriftstücke, manche Websites beispielsweise achten auf Barrierefreiheit und erklären ihre Inhalte auf Unterseiten in Leichter Sprache. Wie sollte hier nun geschlechtergerechte Sprache hineinwirken? Das Kompetenzzentrum geschlechtergerechte Kinder- und Jugendhilfe Sachsen-Anhalt e. V. hat eine umfassende Anleitung dazu erstellt.

Genderstern & Co. passen nicht zur Leichten Sprache. Es kann nicht vorausgesetzt werden, dass die Bedeutung des Gendersterns bekannt ist. Bisher nutzt die Leichte Sprache vorzugsweise das generische Maskulinum, so wie im allgemeinen Sprachgebrauch. Auch verlangen deren Regeln, mit den bekanntesten Wörtern zu formulieren. Da mehr und mehr Beidnennungen üblich sind, können diese auch in der Leichten Sprache eingesetzt werden. Zu beachten ist dabei dies: Bei der Beidnennung kommt die maskuline, bekanntere Personenbezeichnung zuerst. Sie ist kürzer und wird besser verstanden. Danach folgt die feminine Form. In Leichter Sprache heißt es dann: *Leser und Leserinnen*. Um geschlechtsneutral zu formulieren, ist die Verwendung von Partizipien möglich. Hier lautet die Regel, nur wirklich bekannte Wörter einzusetzen, keine Neuschöpfungen.

Menschen mit kognitiven Einschränkungen begegnet wie allen anderen das Wort *Gendern*. Sie sehen in Broschüren, in der Werbung oder auf Plakatwänden den Genderstern. In Radio und Fernsehen hören sie, wie der Glottisschlag gesprochen wird. Sie haben Fragen, was das bedeutet, also ist es wichtig, ihnen dies alles zu erklären. Mit den vorgenannten Regeln lässt sich das gut machen. Auf der Website Genderleicht.de haben wir selbstverständlich auch in Leichter Sprache die Bedeutung von Gendern näher ausgeführt.

Auch Themen wie die Gleichstellung von Mann und Frau lassen sich vermitteln. Für komplexe Problematiken wie etwa den Gender-Pay-Gap ist es vielleicht schwer, passende Erklärungen in Leichter Sprache zu finden. Da aber viele feministische Thematiken das Stichwort Gerechtigkeit berühren, hilft dies, deren grundsätzliche Bedeutung klar zu machen.

Geschlechtliche Vielfalt, Identität und sexuelle Orientierung sollten ebenfalls an der einen oder anderen Stelle in Leichter Sprache erklärt werden. Es darf vorausgesetzt werden, dass die Fragen »Bin ich Mann, bin ich Frau oder fühle ich etwas anderes in mir? Und wen liebe ich?« für alle Menschen bedeutsam ist. Wir haben doch für alles Wörter.

sieben

Zweifelsfälle: Wie mache ich es richtig?

Sie haben noch immer Fragen? Kein Wunder. Gendern legt lieb gewonnene Ausdrücke und unbedachte Phrasen auf die Waagschale. Wir kommen ins Grübeln: Kann ich das so sagen? Muss ich das neu denken? Will ich mir vorschreiben lassen, wie ich zu schreiben oder zu sprechen habe? Sprache ist unser ganz persönlicher Ausdruck, die Individualität kommt zum Vorschein, wir geben nicht nur unsere Gedanken, sondern auch die Art des Denkens preis. Dennoch ist es möglich, dazuzulernen. Ein guter Weg ist: Verabschieden wir uns vom »Das war immer schon so« und öffnen uns für neue Formulierungen. Passen wir unsere Sprache an den Fortschritt der Gesellschaft an und gehen bewusster damit um. Nehmen wir die Vielfalt der Menschen wahr und die Individualität jeder einzelnen Person. Es tut uns allen gut.

Mitgliederin – geht das?

Über die Grenzen der Weiblichkeit

Klare Ansage: *Mitgliederin* geht gar nicht. Auch wenn die deutsche Sprache an nahezu jede maskuline Personenbeschreibung die Endung *-in* anhängt, bei *Mitglied* ist Schluss.

Warum, dazu ist eine eingehende Beschau des Wortes *Mitglied* nötig, beginnend mit dem Wortteil *Glied*. Es bezeichnet auch das männliche Geschlechtsteil, aber dazu später. Zunächst einmal steht das Wort *Glied* für »Teil eines Ganzen«, so die Definition im Duden. *Glied* hat vielerlei Bedeutungen: Es beschreibt die Teile einer Kette, die ineinandergreifen, oder Teile einer Mannschaft: »Das erste Glied tritt einen Schritt vor.« Gemeint sind sowohl Körperteile im Sinne von Gliedmaßen wie Arme und Beine, aber auch Teile einer Organisation oder Vereinigung. In Deutschland gibt es 600 000 Vereine. Wer da mitmacht, wird Teil des Vereins: Jede und jeder zweite Deutsche ist *Mitglied* in einem Verein.

Nun zum Wort als Ganzes. *Das Mitglied* ist sächlich und damit geschlechtsneutral. Warum also die Silbe *-in* anhängen? Die Idee dazu kommt vielleicht dadurch, dass der Plural *Mitglieder* heißt und Wörter mit der Endung *-er* häufig maskulin sind. Beim Weiterschrauben am Wort entsteht *Mitgliederinnen* oder sogar *Mitglieder*innen*. Wir haben uns ja schon an vieles gewöhnt. Der Duden aber sagt: Machen Sie das bitte nicht! Und es stimmt: Das ist entschieden zu viel und völlig unnötig.

Nun noch mal zum Wortteil *Glied*. Es ist wortgleich mit dem männlichen *Glied*, also der Bezeichnung für das primäre Geschlechtsorgan des Mannes. Ein nüchternes Wort ohne jeden Beiklang. Und doch entzündet sich gelegentlich feministisches Unbehagen am Wort *Mitglied*. Es kann nämlich verstanden werden als Wort für eine Person »mit Glied«. In Frauenbewegungskreisen der 1970er- und 80er-Jahre machte alternativ zum

Mitglied das Wort *Mitklit* die Runde, eine Abkürzung von »mit Klitoris«. Eine Witzelei, die sich nicht weiter durchgesetzt hat.

Für reine Frauenvereinigungen besteht nach wie vor beim Verwenden des Wortes *Mitglied* ein gewisses Unbehagen. Wenn sich Frauen nicht gerne *Mitglied* nennen wollen, gibt es Ausweichmöglichkeiten. *Vereinskolleginnen* oder *Vereinsfrauen* und Ähnliches tut es auch. In der Vereinssatzung steht selbstverständlich »Mitglied«. Es ist das rechtlich verbindliche Wort. Zur Vereinssitzung werden ganz offiziell *die Mitglieder* eingeladen.

Im Deutschen Frauenrat sind 60 Frauenverbände und -vereine organisiert. Als größte frauenpolitische Lobby vertritt er rund 12 Millionen Frauen, die meisten sind Vereinsmitglieder. Auf dem Weg zu einer geschlechtergerechten Sprache hat der Deutsche Frauenrat 2019 für alle Texte den Genderstern eingeführt. Aber natürlich sitzt auf dem Wort *Mitglied* kein Sternchen. Und um es noch einmal zu sagen: *Mitglied* ist geschlechtsneutral.

Soll man »man« gendern?

Sind frau, man* oder mensch passende Alternativen?

Auf diese Frage stößt man früher oder später, wenn man sich gendersensibel ausdrücken möchte. Oder anders gesagt: Diese Frage taucht früher oder später auf, wenn es darum geht, gendersensibel zu formulieren: »Soll man *man* gendern?«

Hmm, *man* klingt schon irgendwie nach *Mann*. In der feministischen Sprachkritik ist das Wörtchen *man* deshalb ein echtes No-Go. Auch im Journalismus ist es nicht gern gesehen: Am ersten Tag des Volontariats bekommen junge Journalist*innen zu hören: »Wer ist man?« und »Das kannst du doch genauer sagen!« Die Kritik gilt einer unnötigen Floskel, die es zu hinterfragen gilt. Kurz: *Man* zu schreiben, ist schlechter Stil.

Schauen wir uns das feministische Unbehagen näher an: Über die Nähe von *man* zu *Mann* entscheidet der klitzekleine Buchstabe *-n*. Schon im Alt- und Mittelhochdeutschen gab es *man*. Es hat seine Wurzeln im Substantiv *Mann*. Im Laufe der Zeit hat es das zweite *-n* abgelegt, aus dem großen *M* wurde ein kleines *m*. So ist nicht direkt zu erkennen: Der Mann ist das Maß aller Dinge. Prof. Luise F. Pusch, Mitbegründerin der feministischen Linguistik, hat daraus das Wortspiel gemacht: MAN = Mann als Norm. Wo bleibt die Frau?

Der Duden schreibt in seinem Herkunftswörterbuch über *man*: »Es bedeutete zunächst ›irgendein Mensch‹, dann ›jeder beliebige Mensch‹.« Dass damit tatsächlich nur der Mann gemeint ist, belegt die Französische Revolution, denn sie verkündete: »Liberté, Égalité, Fraternité.« Wie klar doch die Sprache ist: Schwestern waren davon nicht umfasst. Olympe de Gouges, der das auffiel, forderte die französische Nationalversammlung noch 1789 auf, die Menschenrechtserklärung auf die *Citoyenne*, die Bürgerin, zu erweitern. Die Frauenrechtlerin landete auf dem Schafott.

Über Jahrhunderte galten Frauen weiterhin als unmündig und wurden von politischer Teilhabe ausgeschlossen.

In der Paulskirchenversammlung 1848, als das erste Mal über Demokratie nachgedacht wurde, beschlossen die Teilnehmer, dass Frauen nicht so wichtig seien, maskulin verfasste Beschlüsse würden genügen. In Deutschland haben Frauen erst seit gut 100 Jahren das Wahlrecht, in der Schweiz seit 50 Jahren, aber mit der aktiven Teilhabe hapert es aus unterschiedlichen Gründen auch heute noch. Die Initiative des Deutschen Frauenrats für Parität im deutschen Bundestag wird systematisch und von der konservativen Männermehrheit in eben jenem verhindert.

Da überrascht es, dass die Linguistin Prof. Gabriele Diewald das Wörtchen *man* nicht so kritisch sieht. Die Autorin des Dudenratgebers »Richtig gendern« hat die alltägliche Verwendung im Blick. Sie verneint eine zweigeschlechtliche Zuweisung, *man* werde nicht als männlich gelesen. Es sei ein neutrales Indefinitpronomen und könne daher auch so verwendet werden. Das Leibniz-Institut für Deutsche Sprache definiert in »Grammis«, seinem grammatischen (Online-)Informationssystem, *man* als generalisierendes Personalpronomen. Es diene der unspezifischen, generischen und mithin geschlechtsneutralen Bezugnahme auf Personen. Na, wenn die das sagen, ist es wohl genau so. Die Linguistik beobachtet ja aufs Feinste, wie die Sprachgemeinschaft den Wortschatz benutzt.

Bei aller Kritik merken wir: Beim spontanen Sprechen rutscht *man* immer schnell heraus. Alle reden einfach so, es ist unser Sprachgebrauch. Und außerdem kann *man* sich hinter dem *man* gut verstecken. So verwenden wir dieses *man*, wenn wir verallgemeinern wollen. Oder wenn es um gesellschaftliche Regeln und Normen geht, im Sinne von: »So etwas tut man nicht« oder »man nehme ...«. Der Duden führt noch einige genauere Beispiele dafür auf, wann immer *man* vorkommt.

Beim Schreiben ist es einfacher, auf die Wortwahl zu achten, als beim spontanen Sprechen. In der journalistischen Ausbildung wird empfohlen, besser *ich* oder *wir* anstelle von *man* zu schreiben bzw. konkret zu benennen, wer mit *man* gemeint ist. So werden die Sätze nicht nur aktiver, sondern auch inhaltlich exakter, was im Journalismus eh besser passt. Das ist auch ein Tipp für alle, die gern und viel schreiben.

Wer jedoch *man* durch *ich* ersetze, mahnt Diewald, rücke sich in den Mittelpunkt. Dies sollte überlegt erfolgen, denn es ergebe sich dadurch ein völlig anderer Sinn als beim ihrer Meinung nach unauffälligeren *man*.

Setzen Sie mal bei diesen Beispielen ein *ich* ein:

» *Kann man ja mal versuchen.*

» *Können wir ja mal versuchen.*

» *Kannst du ja mal versuchen.*

» *Kann ja mal versucht werden.*

Die Alternative zu *man* ist, im Text neutral zu bleiben, zum Beispiel so: »Wer mag, kann es ja mal versuchen.« Dies bringt jedoch die Gefahr mit sich, ins Passiv zu rutschen wie in »Kann ja mal versucht werden«, was auch wieder kein guter Stil ist. Bleibt nur, kreativ zu formulieren.

Auf zu den möglichen Alternativen: Kann *frau* das *man* ersetzen? Wir lesen *frau* gelegentlich in Texten, die nur Frauen betreffen, manchmal ernsthaft, manchmal scherzhaft. Manche würden es mit Sternchen besser finden: *frau** oder *man**. Hui hui hui, Letzteres hat Seltenheitswert.

Um nicht immer nur im System von Mann und Frau zu verharren, also in der Binarität, wäre *mensch* angebracht. Da drehen wir uns im Kreis und landen bei der ursprünglichen Bedeutung von *man*, siehe oben. *Mensch* jedoch klingt anders, ehrlicher. Es hätte die Chance, wirklich alle zu meinen, unabhängig vom Geschlecht.

Doch weder *frau* noch *mensch* haben sich bisher als Alternative Raum verschafft. Wer es nicht kennt, stutzt außerdem beim Lesen oder Hören. Das Wort *mensch* jedenfalls dürfte große Mühe haben, sich im Sprachwandel durchzusetzen.

Formsache Beleidigung

Gendersternchen im Behördenschreiben

Gelegentlich gibt es Post von der Stadtverwaltung. Wurden Sie im Anschreiben schon einmal begrüßt mit einem freundlichen:

» *Sehr geehrte*r Thomas Maier!*

oder

» *Sehr geehrte*r Petra Müller!*

Setzen Sie anstelle von Thomas Maier und Petra Müller bitte gedanklich Ihren eigenen Namen, dann wissen Sie, wie sich diese Anrede anfühlt. Die einen finden es cool und richtig, die anderen empörend: Ich bin doch keine Sternchenperson! Ich bin Thomas, ein Mann, oder Petra, eine Frau. Manche sind regelrecht beleidigt.

Tja, da sind wir bei einem großen Dilemma. Der Genderstern markiert Menschen, die im binären Geschlechtersystem von Frau und Mann nicht vorkommen. Manchmal trifft die Markierung die Falschen.

Dabei geht die Funktion des Sterns in zweierlei Richtungen: Einerseits zeigt er die Möglichkeit auf, dass Menschen eben nicht nur das eine oder das andere sind, sondern dass es viele Geschlechter gibt. Und je größer eine Gruppe ist, desto wahrscheinlicher ist es, dass Personen darunter sind, auf die diese Beschreibung zutrifft: trans-, intergeschlechtlich oder nicht-binär. Um niemand auszuschließen, wird einfach *jede*r* damit bedacht.

Die zweite Funktion des Sterns ist die der richtigen Bezeichnung im Einzelfall. Menschen dieser Personengruppe möchten durch den Genderstern sichtbar werden. Sie hängen ihn an ihren Namen, an

ihre Personen- oder Berufsbeschreibung.
» *Nicki Meier, Designer*in*

Auch in journalistischen Produkten finden wir gelegentlich diese Markierungen bei Portraits und Kurzbeschreibungen. In der Regel hat die Person darum gebeten, dass das Sternchen für sie gesetzt wird. Es gibt jedoch auch trans Personen, die Genderzeichen für sich ablehnen. Sie sind Mann oder Frau, ganz egal, ob sie eine Geschlechtsangleichung wünschen und, falls dies der Fall ist, an welchem Punkt sie sich befinden. Es ist darum richtig, zu fragen: Wie möchten Sie angesprochen werden?

Wie soll sich eine Behörde nun verhalten? Der gesetzliche Auftrag ist, für alle Menschen da zu sein und allen mit Respekt zu begegnen. Dazu zählt, die geschlechtliche Identität wahrzunehmen, genauso, wie sie niemandem fälschlicherweise überzustülpen.

Aus gutem Grund wird empfohlen, eine Anrede zu wählen, die frei von Genderzeichen ist. Da das Wörtchen *geehrte* als Adjektiv dem Subjekt angepasst werden muss, würden flott Sternchen hineinhüpfen, die einige nicht haben wollen.

Besser ist es deshalb, auf eine neutrale Begrüßungsformel auszuweichen. Bewährt hat sich: Guten Tag, Vorname Nachname.

» *Guten Tag, Thomas Maier*
» *Guten Tag, Petra Müller*

Zahlreiche Stadtverwaltungen in ganz Deutschland haben sich fürs Gendern entschieden und es werden immer mehr. In Schulungen und Leitfäden für ihre Mitarbeitenden wird diese genderneutrale Anrede empfohlen. Sie steht inzwischen sogar in den Schreib- und Gestaltungsregeln für Geschäftsbriefe, festgeschrieben in der DIN 5008. Sind wir Deutschen regelungswütig und übergeschnappt, dass wir uns vom Deutschen Institut für Normung auch dafür Vorschriften machen lassen? Gemach, es handelt sich nur um eine Anleitung für die zweckmäßige und übersichtliche Gestaltung von Schriftstücken. Dass sich da niemand akribisch dran hält, wissen Sie ja selbst aus Ihrer Briefpost, sei es die von Behörden oder die von Unternehmen.

Achten Sie beim nächsten Brieföffnen auf die Anrede. Wenn Sie mit einem »Guten Tag, Vorname Nachname« begrüßt werden, dann wissen Sie: Hier hat sich jemand an die DIN 5008 gehalten. Ist aber doch mal das eine oder andere Sternchen durchgerutscht und Sie finden es für Ihre Person nicht angebracht, sollten Sie großmütig den Fehler übersehen. Die Mitarbeitenden von Behörden und Unternehmen sind auch nur Menschen.

Mal eben vorweggesagt

Die Fußnote »mitgemeint« hat ausgedient

Es war einmal ... so wunderbar einfach, Uni-Abschlussarbeiten, wissenschaftliche Studien und Sachbücher zu schreiben und sich mit einem Handstreich den Ideen der Gleichstellung gegenüber offen zu zeigen.

Dazu genügte es, auf den ersten Seiten eine Fußnote zu platzieren, mit folgendem Text:

» *Aus Gründen der Lesbarkeit wird nur die männliche Form verwendet und Frauen sind mitgemeint.*

Brav, sehr brav. Danach konnte in Altherrenmanier der gewohnte Schreibstil beibehalten werden. Das generische Maskulinum zog sich als Prinzip von Seite zu Seite. Was sollten Frauen schon dagegen haben? Es war ja ausdrücklich darauf hingewiesen worden, dass es auch um sie geht.

Mittlerweile hat sich herumgesprochen, dass das generische Maskulinum nicht nur Frauen unsichtbar macht.

Auch die geschlechtliche Vielfalt bleibt hinter maskulinen Wörtern verborgen. Darauf bezieht sich dieser Textvorschlag:

» *Ausschließlich zum Zweck der besseren Lesbarkeit wird auf die geschlechtsspezifische Schreibweise verzichtet. Alle personenbezogenen Bezeichnungen auf dieser Webseite sind somit geschlechtsneutral zu verstehen.*

Ganz ehrlich: Wie soll das gehen? Diese Fußnote ist Humbug. Beim nächsten versucht jemand, eine sehr ausgetüftelte Schreibtechnik zu erklären:

» *Die in der Abschlussarbeit gewählte männliche Form bezieht sich immer zugleich auf weibliche und männliche Personen. Weibliche und anderweitige Geschlechteridentitäten werden dabei ausdrücklich mitgemeint, soweit es für die Aussage erforderlich ist.*

Nein, das ist keinen Deut besser.

Wer auch immer das dazugehörige Werk lesen will, muss sich nämlich selbst die Mühe machen, nachzudenken: Ist es nun für genau diese Aussage erforderlich, »weibliche und anderweitige Geschlechteridentitäten« mitzudenken? Oder geht es um eine andere? Wie denn nun? Also eine Frage der Interpretation. Wissenschaftliche Genauigkeit geht anders.

Sie denken, das sind Fundstücke aus älteren Arbeiten? Aber nicht doch! Das sind Formulierempfehlungen aus dem Internet anno 2021!

Die modernere Variante trägt den Namen *Genderhinweis*, *Genderklausel* oder *Genderdisclaimer* und befindet sich anklickbar im Footer von Websites:

» *Aus Gründen der besseren Lesbarkeit wird bei Personenbezeichnungen und personenbezogenen Hauptwörtern auf dieser Website die männliche Form verwendet. Entsprechende Begriffe gelten im Sinne der Gleichbehandlung grundsätzlich für alle Geschlechter. Die verkürzte Sprachform hat nur redaktionelle Gründe und beinhaltet keine Wertung.*

Leute, Leute, so geht das nicht. Niemand kann sich auf diese Weise freikaufen. Ob Fußnote oder Genderdisclaimer - das ist stets ein No-Go.

Sprachliche Gleichstellung ist eine ernst zu nehmende Angelegenheit und wirklich nicht schwer. Was Arbeiten zum Studienabschluss anbelangt: Nahezu jede Universität hat Schreibanleitungen oder Leitfäden veröffentlicht. Häufig werden in Tutorien oder anderen Begleitveranstaltungen

Techniken für geschlechtergerechtes Schreiben vermittelt. Oder die Lehrkraft hat eigene Vorstellungen, wie gegendert werden soll; das ist im Zweifel zu erfragen.

Immer daran denken: Gendern ist mehr, als ein paar Sternchen über den Text zu streuen - oder wie hier kritisiert, mithilfe einer Fußnote für Geschlechtergerechtigkeit zu sorgen. Es erfordert, genau hinzusehen und zu überlegen, wer ist mit meiner Aussage gemeint? Habe ich überhaupt an andere Menschen als den Normfall Mann gedacht? Gendern hilft, unstimmige Aussagen und Widersprüche zu verhindern, sagt beispielsweise die Gleichstellungsbeauftragte der Universität Potsdam, Barbara Schrul. Die Aufgabe besteht schließlich darin, Gütekriterien wissenschaftlichen Arbeitens zu erfüllen.

Damit das klar ist: Es geht nicht darum, die Fußnote als solche zu verdammen. Im Gegenteil, es kann sogar hilfreich sein, wenn Sie mit einer vorgesetzten Textpassage Ihre Gendertechnik erklären.

Vielleicht mit solch einer Formulierung:

» *Diese Arbeit bemüht sich um eine inklusive Sprache. Sie verwendet geschlechtsneutrale Begriffe. Soweit eine männliche oder weibliche Personenbeschreibung gewählt wurde, ist genau dieses Geschlecht gemeint. Geschlechtliche Vielfalt ist mit einem Genderstern markiert.*

Wer das Abi geschafft hat - will sagen, einigermaßen systematisch arbeiten kann -, sollte sich vielleicht ein paar Stunden Zeit nehmen, den einen oder anderen Genderleitfaden eingehend zu studieren und das geschlechtergerechte oder besser noch diversitätsbewusste Schreiben üben. Dieser Teil des Studiums ist eine Investition in die Zukunft.

Sind die Routinen des geschlechtergerechten Schreibens erst einmal perfektioniert, ist es ein Leichtes, ein Sachbuch oder einen Webauftritt gendergerecht zu gestalten. Genderdisclaimer sind dann verzichtbar.

Dürfen Männer Frauen noch die Tür aufhalten?

Höflichkeit auf dem Prüfstand

Es gibt allen Ernstes Leute, die befürchten, Gendern würde unhöfliches Verhalten fördern. Wie das? fragen Sie vielleicht. Nun, es bezieht sich auf den Tipp, bei der Beidnennung mal die Frauen und mal die Männer voranzustellen.

»Frauen und Kinder zuerst«, heißt es, wenn ein Schiff untergeht und die Rettungsboote bestiegen werden sollen. Oder auch der Mann soll der Frau die Tür aufhalten. Oder der Mann soll ihr den schweren Koffer abnehmen. Höflich ist es auch, wenn der Mann sagt, er helfe der Frau im Haushalt. Ach wirklich?

Moderne Höflichkeit sieht anders aus: Wer zuerst an die Tür gelangt oder eine Hand frei hat, hält die Tür auf. Wer kräftiger ist, trägt die schwerere Last. Und wer in einem Haushalt lebt, teilt sich partnerschaftlich die Hausarbeit. Letzteres scheint nicht so bekannt zu sein.

Wie unhöflich war es doch, jahre-, ja jahrzehntelang Frauen und ihre Leistungen nicht zu erwähnen. Es gibt unzählige Beispiele von Wissenschaftlerinnen, die grandiose Entdeckungen gemacht haben. Sie wurden Männern zugeschrieben, auch und insbesondere Nobelpreise. Oft waren es Ehemänner, manchmal Kollegen, die sich vorgedrängt haben, und in Anbetracht von Ruhm und Ehre allen Anstand fahren gelassen haben. Passiert ist das zu Zeiten, als viel mehr Wert auf Konventionen gelegt wurde und auf formale Höflichkeit.

Höflichkeit regelt nach wie vor das soziale Miteinander, wenn auch nicht mehr so streng. Es geht um Rücksicht und Respekt. Beides sind Verhaltensweisen, die für das Streben nach Geschlechtergerechtigkeit in der

Sprache unverzichtbar sind. Bei der Beidnennung Frauen grundsätzlich und pro forma stets zuerst zu nennen, scheint aus Gründen der Höflichkeit passend. Mit ein wenig Sinn für die Feinheiten der Sprache wäre es aber besser, im Einzelfall zu überprüfen, welchen Effekt es hat, wenn Sie die Reihenfolge umdrehen.

Manchmal steht die Beidnennung gleichberechtigt nebeneinander, dann können Sie die Positionen beliebig tauschen. Beim Lautlesen merken Sie, es funktioniert schwungvoller, wenn die feminine Form zuerst steht. Steht sie hinter der maskulinen Variante, müssen Sie neu Luft holen. Deshalb erhält die zweite Personennennung etwas mehr Nachdruck. Möglicherweise betonen Sie dabei dann auch die dazwischenstehenden Bindewörter *und* oder *oder.* Auf diese Weise sagen Sie, dass Angehörige der zweiten Gruppe irgendwie besonders sind. Es liegt an Ihnen, mit solchen Sprachbildern zu spielen bzw. sie gezielt einzusetzen.

Höflich ist es auch, sprachlich Raum zu schaffen für Menschen, die trans-, intergeschlechtlich oder nicht-binär sind. Ihre Lebenswege sind oft schwierig, ihre rechtlichen Möglichkeiten müssen noch immer erstritten werden, die Gesetzeslage ist vielfach diskriminierend. Sie haben Respekt verdient und Sichtbarkeit.

Hier kommen wir zu einer schwierigen Schaltstelle geschlechtergerechten Schreibens: Die Beidnennung bezieht die geschlechtliche Vielfalt nicht ein. Sie ist binär wie die vorherrschende Zweigeschlechtlichkeit und damit exklusiv, also ausschließend. Ein Grund auch, warum das Binnen-I heute nicht mehr oft benutzt wird. Der Genderstern wie der Genderdoppelpunkt dagegen stehen für die geschlechtliche Vielfalt. Manche denken, sie seien nur eine Kurzform für Frauen und Männer. Das ist nicht so.

Wenn Sie höflich sein wollen, setzen Sie den Genderstern. Sie können es sparsam tun, sodass Ihr Text noch immer einen guten Lesefluss hat. Vielleicht sagen Ihnen Genderstern & Co. jedoch nicht zu, weil Sie sich an die allgemeinen Rechtschreibregeln halten wollen. Schulen sind daran gebunden und auch konservative Medienhäuser wünschen in ihren

Publikationen keine Genderzeichen. Die Leistungen von Frauen sichtbar zu machen und zugleich für geschlechtliche Vielfalt passende Wörter zu finden, ist auch ohne Sternchen möglich.

Auch das noch

Gendern in der Sprache des Rechts

Als Annalena Baerbock während ihrer Kandidatur zur ersten grünen Bundeskanzlerin im Sommer 2021 verkündete, für geschlechtergerechte Gesetzestexte sorgen zu wollen, haben sich viele mächtig erschrocken. In ihren schlimmsten Vorstellungen prasselte ein Sternchenregen auf die ach so lieb gewonnenen deutschen Gesetze hernieder. Es wird nicht zum Sternchenregen kommen. Alles andere ist längst da.

Prof. Volker Boehme-Neßler, Professor für Öffentliches Recht, hat das Grundgesetz zurate gezogen und das Naheliegende festgestellt: »Wer das Gendern der Sprache als Tool ansieht, Gleichberechtigung voranzutreiben, kann sich auf die Verfassung und die europäischen Grundrechte berufen.« Konsequent haben sich die Bundesministerien grundsätzlich verpflichtet, die Gleichstellung von Männern und Frauen sprachlich in Gesetzentwürfen zum Ausdruck zu bringen. Wichtiger Punkt, so Boehme-Neßler in *Zeit Online*: »Auch das Demokratieprinzip erlaubt dem Parlament, seine Gesetze in geschlechtergerechter Sprache abzufassen.«

Art. 2 Absatz 1 des Grundgesetzes, dieses fundamentale Grundrecht, hat, mit genderscharfen Augen betrachtet, ein Problem: Es ist männlich formuliert: *jeder … seiner.*

» *Jeder hat das Recht auf die freie Entfaltung seiner Persönlichkeit …*

Nun war dieser Satz, als er 1948/49 von den 61 Männern und 4 Frauen des Parlamentarischen Rates verfasst wurde, das Äußerste des Machbaren. Heute würden sich hoffentlich alle um mehr Geschlechtergerechtigkeit beim Gesetzgeben bemühen. Bei Pronomen wird nur meist die Notwendigkeit übersehen.

Dabei wäre es so einfach:

» *Jede und jeder haben das Recht auf die freie Entfaltung der Persönlichkeit ...*

besser noch:

» *Alle haben das Recht auf die freie Entfaltung der Persönlichkeit ...*

oder:

» *Alle haben das Recht auf die freie Entfaltung ihrer Persönlichkeit ...*

Übrigens kein Sternchen weit und breit!

Für das geschlechtergerechte Formulieren von Gesetzen ist das »Handbuch der Rechtsförmlichkeit« die perfekte Vorlage. Es wird vom Bundesministerium der Justiz herausgegeben, das alle anderen Bundesministerien bei der Vorbereitung von Rechtsetzungsvorhaben berät. Das Handbuch ist im Internet auffindbar und beschreibt ab Punkt 1.8 die sprachliche Gleichbehandlung von Frauen und Männern. In der Fassung von 2008 (!) liegt ein perfekter und nach wie vor aktueller Genderleitfaden vor. Den wohlgesetzten Worten ist die Fachkenntnis für die Feinheiten geschlechtergerechten Schreibens anzumerken: Die Gesellschaft für deutsche Sprache hat das Innenministerium sprachlich beraten. Wenn nur alle Gesetze bereits so verfasst wären, müsste sich niemand darüber aufregen, dass es einen Ruf nach geschlechtergerechten Gesetzen gibt. Tatsächlich wird das »Handbuch der Rechtsförmlichkeit« jedoch viel zu wenig beachtet, raunen Insider*innen bis in höchste Rechtsinstanzen.

Als Grundlage bezieht sich das Handbuch auf § 42 Absatz 5 Satz 2 der Gemeinsamen Geschäftsordnung der Bundesministerien (GGO). Er bestimmt, dass Gesetzentwürfe »die Gleichstellung von Frauen und Männern auch sprachlich zum Ausdruck bringen« sollen. Das Handbuch führt dazu aus:

»Allerdings kann die Häufung maskuliner Personenbezeichnungen den Eindruck erwecken, Frauen würden übersehen oder nur ›mitgemeint‹. Sprachliche Gleichbehandlung in Rechtsvorschriften hat zum Ziel, Frauen direkt anzusprechen und als gleichermaßen Betroffene sichtbar zu machen.«

Danach folgen Schreibanleitungen im Detail, wie in Vorschriften der Eindruck männlicher Dominanz vermieden werden kann. Wer es noch genauer braucht, findet mit wenigen Klicks die nächste Vorlage im Internet: Die Landesregierung von Nordrhein-Westfalen hat ein PDF veröffentlicht mit dem Titel »Gleichstellung von Frau und Mann in der Rechtssprache: Hinweise, Anwendungsmöglichkeiten und Beispiele«. Es enthält jede Menge beispielhafter Formulierungen, etwa zum Problem unschöner Endlosaufzählungen von Beidnennungen.

Zurück zum vermuteten Sternchenregen. Es wird nicht dazu kommen. Das »Handbuch der Rechtsförmlichkeiten« ist eindeutig:

»Die Sparschreibung von Paarformen ist für Vorschriftentexte nicht erlaubt. Schreibungen mit großem ›I‹ inmitten eines Wortes, mit Schrägstrich oder mit Klammer können nicht mündlich vorgetragen werden. Der doppelte Artikel (›der/die KäuferIn‹) im Singular macht den Text unübersichtlich. Dieses Problem verschärft sich zusehends, wenn dekliniert wird (›des/der Käufer/s/In‹, ›den Käufer(n)/Innen‹).«

2008 war der Genderstern noch nicht bekannt. Die vorgenannte Regelung kann jedoch darauf angewendet werden - mit demselben Ergebnis: Der Einsatz von Genderzeichen aller Art würde Vorschriftentexte unleserlich machen.

Bundesjustizministerin Christine Lamprecht, zugleich Bundesfrauenministerin, hat im Oktober 2021 klargestellt, dass in der Kommunikation von Bundesbehörden geschlechtergerechtes Formulieren erwünscht ist. Auf Genderzeichen aller Art soll dabei allerdings verzichtet werden. Maßgeblich sei die Haltung des Rats für deutsche Rechtschreibung, der Genderzeichen als regelwidrig ansieht. Die Schreibanleitung aus dem Hause der Ministerin gilt zwar nicht für den Bundestag als Gesetzgeber, da aber in den Ministerien Gesetzesvorlagen erarbeitet werden, hat sie sicher Signalwirkung für Gesetzesvorhaben.

In der Sprache des Rechts haben Genderzeichen wohl keine Zukunft. Bedauerlich für alle, die den Genderstern als Ultima Ratio sehen. Er ist - und bleibt vielleicht immer - ein schwierig zu handhabendes Hilfsmittel zur Sichtbarmachung geschlechtlicher Vielfalt.

So ein Theater

Darf Mutter Courage gendern?

Vielleicht haben Sie Jenny Schily im Schwarzwald-Tatort im April 2021 gesehen und auch gestutzt? Die aparte Schauspielerin stellte eine etwa 50-jährige Unternehmerin dar und sprach mit der Minilücke. In ihrer Rolle wirkte das Gendern deplatziert - fanden jedenfalls viele Tatortfans, die sich empört an den Sender wandten -, während es zu ihrer aufmüpfigen Nichte, einer jungen Studentin, sehr gut passte.

Diese Art des auffälligen Genderns taucht immer öfter in Fernsehfilmen oder auf Theaterbühnen auf. Schauspieler*innen, die diese Sprechweise in ihren Alltag integriert haben, wollen sie vor Publikum einsetzen, oder die Idee dazu kommt von Drehbuch, Regie oder Dramaturgie. Aber passt das?

Darüber lässt sich gewiss streiten. Wegen des hohen Konfliktpotenzials kommt es darauf an, Gendern klug einzusetzen. Fakt ist, gendersensibles Sprechen hat eine besondere Entstehungsgeschichte. Erst durch Umstände wie z. B. die intensiv geführte Identitätsdebatte ist es zu seinem Durchbruch gelangt. Und das nicht nur sehr schnell, sondern auch erst in allerjüngster Zeit.

Aus diesem Grund passt das Gendern nur zu zeitgenössischen Stoffen. Bei Theaterstücken, die sich auf eine deutlich andere Zeit beziehen, würde Gendern irritieren. Eine Mutter Courage, die mit Minilücke spricht, wäre deplatziert, genauso wenn es Emilia Galotti, Medea oder die Lustigen Weiber von Windsor machen würden. Es sei denn, die Inszenierung setzt Bezüge zum Heute. Im Theater ist vieles erlaubt, und das Publikum liebt es doch auch, provoziert zu werden.

Spiegelt dagegen die Spielhandlung die Gegenwart wider, so sollte es sein wie im richtigen Leben: Die Jungen bauen das Gendern mühelos in ihren Sprechfluss ein, die Älteren, soweit sie Geschlechtergerechtigkeit im Blick haben, machen es dezenter, sprechen vielleicht mit der Beidnennung. Wie und ob jemand gendert, sagt auch auf der Bühne etwas über die Haltung zur Gesellschaft aus. Im Umkehrschluss kann Sprechen im generischen Maskulinum zum Wesenszug einer sexistischen Person gehören. Mehr oder weniger subtil kommt so ihre Sicht auf die Welt zutage. Gendern als Stilmittel kann in Theater und Film ganz wunderbar genutzt werden.

Schauen wir kurz auf den Literaturbetrieb. Geschlechtergerechtigkeit in der Sprache stellt viele vor neue Herausforderungen: Wie gehen Autoren und Schriftstellerinnen damit um? Welche Genderpolitik betreiben die Verlage? Aus der Ecke der Schriftstellerei ist gelegentlich vehementer Protest gegen »das Gendern« zu vernehmen. Es sind vor allem Ältere, die sich über Auswüchse des Genderns beschweren. Aus der Kritik spricht aber auch die Angst, ob die Sprache, mit der sie ein Leben lang gearbeitet haben, nicht mehr richtig sein könnte. Doch wer wollte Literatinnen und Dichtern vorschreiben, mit Genderstern oder Beidnennung zu schreiben? Die Literatur ist doch recht frei in ihrem Ausdruck. Wer will, kann im Roman die handelnden Personen gendern lassen, nach ähnlichen Prinzipien wie auf der Bühne, oder auch nicht.

Anders ist es im Sachbuchbereich. Da ist Geschlechtergerechtigkeit genauso wie im Journalismus schlichtweg angesagt. Dies geht jedoch auch ohne Genderzeichen, wenn es zur Hauspolitik eines Verlages nicht passt. Und wer, wenn nicht professionelle Autorinnen und Autoren, wird so geschickt mit Sprache umgehen, dass »das Gendern« nicht mal auffällt, sondern einfach nur ein angenehmer Schreibstil ist, der alle mitnimmt.

Genderquiz

Dinosaurier*innen waren Vegetarier*innen

Wo Gendersternchen fehl am Platz sind

Im Übereifer der Gendersensibilität rutscht manchmal die Streubüchse mit den Gendersternchen aus der Hand. Prompt landen die Dinger mal hier, mal da. Mit diesem Quiz können Sie testen, wie fit Sie schon im Gendern sind. Was halten Sie von diesen Sternchen?

Studieren*de

A: Es fehlt der Buchstabe *r*.

B: Das Wort ist geschlechtsneutral, es braucht keinen Genderstern.

C: Es heißt richtig: *Student*innen*.

Vorgesetze*r

A: Das Sternchen sitzt an der falschen Stelle.

B: Bei einem Partizip ist das Genderzeichen überflüssig.

C: Vorgesetzte sind niemals genderfluide.

Mitglieder*innen

A: Dieses Wort gibt es nicht.

B: Das Wort *Mitglied* braucht keinen Stern. Es ist geschlechtsneutral.

C: Wenn, dann muss es *Mitglied*innen* heißen.

Dinosaurier*innen

A: Vor 230 Millionen Jahren war Nicht-Binarität noch nicht bekannt.

B: Tiere werden nicht gegendert.

C: Nur Spaßvögel hauen überall ein Sternchen rein.

Kanzler*innenamt

A: Kanzleramt ist ein Amtsbegriff. Mit Sternchen geht gar nicht.

B: Wer immer das Amt innehat, darf die Bezeichnung ändern.

C: Ein*e Kanzler*in regiert Deutschland. Das wäre ja noch schöner?!

Islamist*innen

A: Kopf ab: Islamisten sind auf geschlechtliche Vielfalt schlecht zu sprechen.

B: Wer hier einen Stern setzt, riskiert einen Shitstorm, zu Recht!

C: Damit macht man keine Scherze.

Gendergegner*innen

A: Der Stern ist falsch, weil in der Queercommunity niemand gegen das Gendern ist.

B: Gendergegner ärgern sich, wenn Sie ihnen ein Sternchen verpassen.

C: Wer gegen das Gendern ist, hat keine Auszeichnung mit Stern verdient.

Auflösung:

Siebenmal Lösung B: Gratulation! Sie kennen sich wahnsinnig gut mit dem Gendern aus.

A und B angekreuzt: Schmökern Sie ein bisschen mehr im Buch.

Nur C-Lösungen: Sie sind ein*e Witzbold*in mit sicherem Gespür für schräge Antworten.

Auf alles gibt es eine Antwort:

»Dinosaurier*innen waren Vegetarier*innen« enthält zwei Fehler:

1. Nur Menschen werden gegendert.
2. Der erste Fehler bedingt den zweiten. Das Wort *Vegetarier* muss genauso wenig gegendert werden.

Sollten Sie in ähnlichen Fällen unsicher sein, schreiben Sie Ihren Satz besser so:

» *Dinosaurier, Männchen wie Weibchen, ernährten sich vegetarisch.*

Geschlechtergerecht schreiben

Schreibtipps: So schön kann Gendern sein

Nehmen Sie die Beidnennung, wenn Sie Frauen und Männer in Ihrem Text sichtbar machen wollen. Der Genderstern ist angebracht, wenn es Ihnen um alle Geschlechter geht: trans-, intergeschlechtliche und nichtbinäre Menschen, Frauen und Männer. Das Sternchen steht für die Vielfalt der Geschlechter. Der Genderdoppelpunkt gilt fälschlicherweise als barriereärmere Alternative. Er hat auch nicht die symbolische Kraft des Gendersterns.

Tipp zum eleganten Gendern: Setzen Sie Beidnennungen, Genderzeichen und Partizipien sparsam ein, damit Ihr Text gut lesbar bleibt. Reduzieren Sie die Zahl der Personen. Auf diese Weise schreiben sie genderneutral. Oft können Sie dasselbe mithilfe starker Verben sagen. Werden Sie kreativ beim Formulieren. Schreiben Sie über Frauen.

Quellen

Bücher

Duden – *Die deutsche Rechtschreibung: Das umfassende Standardwerk auf der Grundlage der aktuellen amtlichen Regeln*, 28. Auflage, 2020.

Gabriele Diewald, Anja Steinhauer, *Handbuch geschlechtergerechte Sprache: Wie Sie angemessen und verständlich gendern*, Dudenverlag, 2020.

Marianne Grabrucker, *Vater Staat hat keine Muttersprache*, Fischer Taschenbuchverlag, 1993.

Lann Hornscheidt, Ja'n Sammla, *Wie schreibe ich divers? Wie spreche ich gendergerecht? Ein Praxis-Handbuch zu Gender und Sprache*, Verlag w_orten & meer, 2021.

Nikola Müller, Isabel Rohner, *Hedwig Dohm – Ausgewählte Texte*, Trafo Verlag, 2006.

Luise F. Pusch, *Das Deutsche als Männersprache: Aufsätze und Glossen zur feministischen Linguistik*, Suhrkamp, 1984.

Luise F. Pusch, Sookee, Moderation Patricia Hecht, *Feminismus und Sprache: Ein Gespräch*, Querverlag, Berlin 2021.

Anatol Stefanowitsch, *Eine Frage der Moral: Warum wir politisch korrekte Sprache brauchen*, Dudenverlag, 2018.

Wissenschaftliche Studien

Friederike Braun, Susanne Oelkers, Karin Rogalski, Janine Bosak, Sabine Sczesny, »Aus Gründen der Verständlichkeit…« Der Einfluss generisch maskuliner und alternativer Personenbezeichnungen auf die kognitive Verarbeitung von Texten, in: *Psychologische Rundschau*, 58/3, S. 183-189, 2007.

Bundeskriminalamt, *Täter im Bereich Cybercrime – Eine Literaturanalyse*, 2015.

Ursula Doleschal, Das generische Maskulinum im Deutschen. Ein historischer Spaziergang durch die deutsche Grammatikschreibung von der Renaissance bis zur Postmoderne, in: *Linguistik online*, 11, 2/02.

Margret Göth, Studienübersicht Misgendern, in: *VLSP – Verband für lesbische, schwule, bisexuelle, trans*, intersexuelle und queere Menschen in der Psychologie*, 21.03.2021.

Bettina Hannover, Dries Vervecken, Yes I Can! Effects of Gender Fair Job Descriptions on Children's Perceptions of Job Status, Job Difficulty, and Vocational Self-Efficacy, in: *Social Psychology*, 46/2, S. 76-92, 2015.

Lisa Irmen, Vera Steiger, Zur Geschichte des Generischen Maskulinums: Sprachwissenschaftliche, sprachphilosophische und psychologische Aspekte im historischen Diskurs, in: *Zeitschrift für germanistische Linguistik*, 33.2/3, S. 212 - 235, 2005.

Carolin Müller-Spitzer, Geschlechtergerechte Sprache: Zumutung, Herausforderung, Notwendigkeit?, in: *Sprachreport*, 37/2, S. 1-12, 2021.

Damaris Nübling, Und ob das Genus mit dem Sexus: Genus verweist nicht nur auf Geschlecht, sondern auch auf die Geschlechterordnung, in: *Sprachreport*, 34/3, S. 44-50, 2018.

Elisabeth Prommer, Christine Linke, Studie Audiovisuelle Diversität, Geschlechterdarstellung, in: *Film und Fernsehen in Deutschland*, Institut für Medienforschung der Universität Rostock, 2017.

Gunter Stemmler, Die Schirmherrin: Zur Geschichte der Schirmfrau, Maecenata Institut für Philanthropie und Zivilgesellschaft, in: *Opusculum*, 88, Januar 2016.

Artikel in Zeitungen und Magazinen

Inga Barthels und andere, Der Genderwahn der AfD, Projekt: Social Media Dashboard zur Bundestagswahl 2021, in: *Tagesspiegel*, 17.09.2021.

Elisabeth Binder, Welche Vornamen zulässig sind: Wenn Eltern ihr Kind Corona nennen wollen, in: *Tagesspiegel*, 20.02.2021.

Gabriele Diewald, Damaris Nübling, Genus und Sexus: Es ist kompliziert, in: *Neue Züricher Zeitung*, 17.12.2020.

Peter Eisenberg, Wenn das Genus mit dem Sexus, in: *Frankfurter Allgemeine Zeitung*, 27.02.2018.

Peter Eisenberg, Gender-Sprache im Duden: Unter dem Muff von hundert Jahren, in: *Frankfurter Allgemeine Zeitung*, 08.01.2021.

Geschlechterfragen in der Politik: Heißt es offiziell Frau Bundeskanzler oder Frau Bundeskanzlerin? in: *Süddeutsche Zeitung*, 17.05.2010 (aktualisiert).

Christine Haas, Philipp Vetter, Jede dritte deutsche Firma gendert – aber viele nur nach außen, in: *Welt*, 05.07.2021.

Marcel Pauly, Datenanalyse in eigener Sache: Männer und Frauen in Spiegel-Artikeln, in: *Spiegel*, 08.03.2021.

Nele Pollatschek, Deutschland ist besessen von Genitalien: Gendern macht die Diskriminierung nur noch schlimmer, in: *Tagesspiegel*, 30.08.2020.

Margarete Stokowski, »Gendersprache« und Vorstandsquoten, nichts könnte mir egaler sein, in: *Spiegel Online*, 01.06.2021.

Michael Wurmitzer, Sternchen, Gender-Gap oder Binnen-I: Wie gendert mensch richtig? in: *Der Standard*, 19.03.2021.

Online

Audi-Mediacenter, *Sprache für mehr Vielfalt: Audi gendert*, Pressemitteilung, 02.03.2021. www.audi-mediacenter.com

Bundesministerium der Justiz, *Handbuch der Rechtsförmlichkeit*, 3. Auflage, 2008. www.bmjv.de

Bundesverband Trans*, TransVisible – Trans* und Arbeitsmarkt: *Praxistipps für Stellenausschreibungen, Bewerbungsverfahren und Onboarding, 2020.* www.bundesverband-trans.de

Bundesverfassungsgericht, *Personenstandsrecht muss weiteren positiven Geschlechtseintrag zulassen*, Pressemitteilung Nr. 95/2017, 08.11.2017. www.bundesverfassungsgericht.de

Bundeszentrale für politische Bildung, *Gleichberechtigung wird Gesetz*, 27.06.2018. www.bpb.de

Deutscher Blinden- und Sehbehindertenverband, *Erläuterungen zur Position des DBSV zum Thema Gendern*, März 2021. www.dbsv.org

Deutsche Presseagentur dpa, *Nachrichtenagenturen wollen diskriminierungssensibler berichten*, Pressemitteilung, 21.06.2021. www.dpa.com

Digitales Wörterbuch der deutschen Sprache, Der deutsche Wortschatz von 1600 bis heute. www.dwds.de

Gesellschaft für deutsche Sprache, *Klarstellung: Ja zum Gendern!* Pressemitteilung, 26.05.2021. www.gfds.de

Illi Anna Heger, *Übersicht: Pronomen ohne Geschlecht.* www.annaheger.de.

Michaela Hütig, epd-Gespräch Zusammenleben und Integration, *Forscherin: Gendern ist in der gesprochenen Sprache angekommen*, epd, 26.06.2021. www.evangelisch.de

Ifo-Institut, *Randstadt-ifo-Umfrage: jedes dritte Unternehmen nutzt genderneutrale Sprache*, Pressemitteilung, 05.07.2021. www.ifo.de

Kompetenzzentrum geschlechtergerechte Kinder- und Jugendhilfe Sachsen-Anhalt, *Geschlechtervielfalt in der barrierefreien Sprache.* www.geschlechtergerechtejugendhilfe.de.

Gunnar Kruse, *Generalstabsarzt Dr. Gesine Krüger im DBwV-Interview: »Es gab Vorbehalte, aber die Frauen haben mit ihren Leistungen überzeugt"*, in: Deutscher Bundeswehrverband, 30.01.2021. www.dbwv.de

Landesregierung NRW, ***Leitfaden:*** *Gleichstellung von Frau und Mann in der Rechtssprache Hinweise, Anwendungsmöglichkeiten und Beispiele.* www.lzg.nrw.de

Leibniz-Institut für Deutsche Sprache, *Grammis, Wissenschaftliches Informationssystem zur deutschen Grammatik.* www.grammis.ids-mannheim.de

Lesben- und Schwulenverband Deutschland. www.lsvd.de.

Jochen Mai, *(m/w/d) in Stellenanzeigen: Bedeutung der Abkürzungen*, Karrierebibel, 15.06.2021. www.karrierebibel.de

Microsoft, *Inklusive Sprache bei Microsoft: Wie wir Vielfalt durch Kommunikation leben*, Newscenter. www.news.microsoft.com

Das Nichtbinär-Wiki, Onlinenachschlagewerk. www.nibi.space

Christine Olderdissen, *»Sprachkampf« – Interview mit Autor Henning Lobin*, 11.03.2021. www.genderleicht.de.

Christine Olderdissen, *ZDF: Petra Gerster gendert jetzt*, 22.10.2020. www.genderleicht.de

Christine Olderdissen, *Kiel gendert: Wie die Stadtverwaltung behutsam zum Sternchen kam*, 04.03.2021. www.genderleicht.de

Rat für deutsche Rechtschreibung, *Empfehlungen zur »geschlechtergerechten Schreibung«*. Beschluss vom 16.11.2018. www.rechtschreibrat.com

Rat für deutsche Rechtschreibung, *Geschlechtergerechte Schreibung.* Empfehlungen vom 26.03.2021, Pressemitteilung. www.rechtschreibrat.com

Secretaria, *Das dritte Geschlecht in der Korrespondenz: Wie sprechen Sie Intersexuelle an?* www.secretaria.de

Textlabor, *Antworten auf kniffelige Fragen zum Gendern.* www.genderleicht.de

Die Unbeugsamen, Politik ist eine viel zu ernste Sache, um sie allein den Männern zu überlassen, Unterlagen zum Dokumentarfilm auf www.dieunbeugsamen-film.de

Huberta Weigl, *Wie gendert man akademische Grade?* Schreibwerkstatt, Blog (Österreich), 27.12.2012. www.schreibwerkstatt.co.at

Impressum

Die **Duden-Sprachberatung** beantwortet Ihre Fragen zu Rechtschreibung, Zeichensetzung, Grammatik u. Ä. **montags bis freitags zwischen 09:00 und 17:00 Uhr.**
Aus Deutschland: **09001 870098** (1,99 € pro Minute aus dem Festnetz)
Aus Österreich: **0900 844144** (1,80 € pro Minute aus dem Festnetz)
Aus der Schweiz: **0900 383360** (3.13 CHF pro Minute aus dem Festnetz)
Die Tarife für Anrufe aus den Mobilfunknetzen können davon abweichen. Den kostenlosen Newsletter der Duden-Sprachberatung können Sie unter www.duden.de/newsletter abonnieren.

Bibliografische Information der Deutschen Nationalbibliothek
Die Deutsche Nationalbibliothek verzeichnet diese Publikation in der Deutschen Nationalbibliografie; detaillierte bibliografische Daten sind im Internet über http://dnb.dnb.de abrufbar.
 D C B A
Bibliographisches Institut GmbH, Mecklenburgische Straße 53, 14197 Berlin

Redaktion Dr. Laura Neuhaus
Autorin Christine Olderdissen
Beratung Tina Kalinowski
Herstellung Alfred Trinnes
Layout und Satz Veronika Neubauer, Berlin
Umschlaggestaltung Zero Media, München
Druck und Bindung AZ Druck und Datentechnik GmbH,
Heisinger Straße 16, 87437 Kempten

Printed in Germany
ISBN 978-3-411-75675-9
Auch als E-Book erhältlich unter: ISBN 978-3-411-91425-8
www.duden.de

PEFC
PEFC/04-31-2260

PEFC zertifiziert
Dieses Produkt stammt aus nachhaltig bewirtschafteten Wäldern und kontrollierten Quellen.

www.pefc.de